グローバル化と国際危機管理に関する諸問題

—異文化リスクとパンデミックリスク—

小林 守 編著

専修大学商学研究所叢書23

東京 白桃書房 神田

序　文

　専修大学商学研究所は，創立35周年記念事業の一環として，2001（平成13年）から「商学研究叢書」を公刊している。『グローバル化と国際危機管理に関する諸問題—異文化リスクとパンデミックリスク—』と題する本書は，「専修大学商学研究叢書」第23巻にあたる。

　本書は，グローバルに展開する企業を対象に，グローバル化の必然として発生するリスクのうち，異文化リスクとパンデミックリスクに着目して，これらのリスクの回避のための方針や対策などの成功事例を分析することを目的に実施した，2020年度から2022年度にかけて当研究所の所員によるプロジェクト・チームで実施した研究プロジェクト「グローバル化と国際危機管理に関する諸問題—異文化リスクとパンデミックリスク—」の研究の成果である。

　本書では，異文化リスクに対する，Company Well-beingを達成するための取り組み，ビジネス小説に取り上げられた日本企業の海外プロジェクトにおける異文化リスクとマネジメントの紹介，および東アジアにおけるホワイトカラー人材の国際間移動の要因，さらに，ベトナムにおけるリスクや課題についても考察されている。これは，今後，グローバルに展開する企業が，これらの地域に進出する際の指針になると考えられる。

　本書が学内外の多くの関係者に知的刺激を与えるとともに，本研究所にも社会から多くの知的刺激を受けるきっかけになることを祈念している。また，今後もプロジェクト・チームによる研究成果として，商学研究所叢書シリーズが刊行される予定である。このような研究活動が，引き続き活発に行われていくことを願っている。

　末尾になるが，本プロジェクト・チームのメンバー各位そして同チームにご協力いただいた学内外すべての方々に厚くお礼申し上げたい。

2024年3月

専修大学商学研究所所長　岩尾 詠一郎

はじめに

　リスクの定義やそれに関わるマネジメントをどのようにすべきかについては実務界のみならず学術界でも様々に論じられ，近年はますます幅広い各方面で議論されています。プロジェクトマネジメントでは「リスクとは不確実性である」と定義されますが，それほど世界は「不確実性」に満ち満ちてきたということの反映でもありましょう。リスクと似た言葉にクライシスがあります。リスクは実際の事象（イベント）が起こる前の可能性であり，クライシスはその事象（イベント）が起こった後の状況です。したがって，リスクをマネジメントするということは，事前にリスクを認識し，その発生確率や発生した後の影響度を見積もることにあります。また，クライシスを予防するための対応策（活動や取り組み）を計画することもリスクマネジメントの範疇に入ります。他方，クライシスマネジメントは実際に実現したリスクの状況に対し，対応策を具体的に実施することになります。本研究チームの研究対象はリスクマネジメントです。まずこの点を明らかにしておきたいと思います。

　本書は専修大学商学研究所の研究補助により2020年度から2022年度まで実施された「グローバル化と国際危機管理に関する諸問題―異文化リスクとパンデミックリスク―」というテーマの研究調査の成果を4名の研究チームメンバーがまとめたものです。その成果として4本の研究論文が提出されています。4名はリスクマネジメント，国際経営，多国籍企業研究，国際政治経済を専門とする研究者であり，様々な研究雑誌，書籍にその成果を発表するなどアクティブなメンバーです。今回，このプロジェクトが進行している3年の間にも単著，共著にわたり多方面から研究成果を発表してきました。本書に収められた研究論文もそうした研究成果に基づいて，新たな知見や情報を付加し，加除修正を行ったものとなっています。この意味で各メンバーの最新のフレッシュな研究成果と言って良いと思います。

　本書は「グローバル化と国際危機管理に関する諸問題―異文化リスクとパン

デミックリスク―という大きなテーマに対し，組織内成員の幸福度とリスクの問題，ビジネス小説が着目した日本企業の海外プロジェクトのリスク問題，企業競争力に大きく影響する人材の国際移動に関わるリスクの問題，国際政治がグローバルな企業活動に与えるリスクの問題，などそれぞれのメンバーがこの間に最も注力して研究を進めてきた視角を活かした，諸問題からアプローチした検討結果から構成されています。

　まず，第1章「異文化問題とWell-being―アジア・ビジネスにおける異文化リスクとWell-beingのマネジメント―」は異文化問題を経営におけるWell-being（身体的，心理的そして社会的幸福感）からとらえ直したものです。従来の組織成員の動機づけ理論にとどまらず，人間への最大の動機づけは幸福の追求（Well-beingの追求）であるとの立場から，Company Well-beingを達成するための企業の実際の取り組みを紹介しながら，そのための要因を必要なハード要因とソフト要因に分類し，今回はソフト要因に注目しています。自社の評判や無形価値を向上させ，企業活動に関わるステークホルダーの成長を促すということを明らかにしています。

　第2章「日本企業の海外建設プロジェクトと『異文化の壁』―ビジネス小説家が見た実在のプロジェクトにおける異文化問題―」は，実際に日本企業が海外で実施した建設プロジェクトを舞台にしたビジネス小説を取り上げ，その中で注目された異文化に関わるリスクとマネジメントを紹介し，経営学的な観点から検討したものです。対象となったプロジェクトは当時の国家的重要プロジェクトに類するものであり，建設する過程で起こった様々な状況はメディアに同時並行的に報道されています。盛り込まれた状況は人物描写などにおいて多少のデフォルメはあるものの実際に起こった状況です。そしてプロジェクトで建設された設備，成果物は今でも稼働し，それぞれの国の産業や人々の生活に裨益しています。この意味でも国際的なプロジェクトの中でリスクがどのようなものであったか，そしてそれはどのようにマネジメントされ，リスクが決定的なクライシスに至らなかったかという点に示唆を与えるものとなっています。

　第3章「異文化リスクの調整メカニズムとしての労働市場仲介機能（LMI）―東アジアのホワイトカラー人材の国際間移動―」は，グローバル労働市場で活躍する東アジアのホワイトカラーや高度な専門知識を必要とするエンジニアなど高度人材の国際間流動，すなわち，台湾，韓国，日本の高度人材がどのようなきっかけで海外を目指すようになったのかについて考えた論考です。検討は具体的であり，高度人材がどのような背景から海外を目指すようになり，また，どのような方法で海外就業の情報を集め，文化や社会構造，労働慣行の違いを乗り越えて海外の職場で働くようになったかについて，さらに，海外の求職者と企業の「情報の非対称性」，すなわち情報のミスマッチを解消するために企業側と求職者を結びつけるグローバルな人材サービス業の果たす役割についてなどの点についても論及しています。大企業，中小企業を問わず，人材の獲得が国際競争の決定的な要因となっているグローバル市場で戦う企業にとって貴重な論点を余すところなく紹介しています。

　第4章「米中対立とチャイナ・プラス・ワン―グローバル・サプライチェーン再編とベトナム―」は，世界最大の貿易国である中国が世界に与えるリスクを整理し，リスク分散のための企業行動でもあるチャイナ・プラス・ワンと，その受け皿として選好されてきたベトナムのリスクや課題について考察しています。そのうえで依然として世界の貿易に大きな影響力を持っている米国と主要輸入先国との貿易構造の変化を概観し，中国依存度が高い品目はどのような特徴を持つ製品なのかについて検討しています。

　どの論考も研究テーマの枠組みをできるだけ大きくとらえ，国際ビジネスのリスク研究に多角的な論点を提供しており，このテーマの研究に新しい方向性と視座を与えるものとなっています。読者の反応を期待したいと思います。

研究チームを代表して
編著者　小林 守

目次

第1章 異文化問題とWell-being
―アジア・ビジネスにおける異文化リスクと
Well-beingのマネジメント―

第2章 日本企業の海外建設プロジェクトと『異文化の壁』
―ビジネス小説家が見た実在のプロジェクトにおける異文化問題―

第3章 異文化リスクの調整メカニズムとしての労働市場仲介機能 (LMI)
―東アジアのホワイトカラー人材の国際間移動―

第4章 米中対立とチャイナ・プラス・ワン
―グローバル・サプライチェーン再編とベトナム―

第1章

異文化問題とWell-being
―アジア・ビジネスにおける異文化リスクと Well-beingのマネジメント―

1 はじめに

　近年，日本はもちろん世界的にも異常気象などに起因する自然災害リスクの巨大化が顕著となるとともに，2019年以降のCOVID-19による世界的なパンデミックは私たちに大きな経済的・心理的損失を与えてきましたし，今後も再発の可能性を秘めています。そして2022年からの戦争リスク（特にロシアのウクライナへの武力侵攻，イスラエルとハマスとの武力衝突など）も関係諸国にはもちろんのこと，世界に大きな影響と衝撃を与えています。自然災害，感染症，そして戦争などのリスクが発生し，同時進行（交錯）で世界へ損害が波及していくのが近年のリスクの特徴です。

　戦争リスク，巨大災害リスク，パンデミック化した感染リスクはまさに一地域や国を越えて社会，世界全体に甚大な影響を与えるリスクであり，ソーシャル・リスクと言えます。そして前述したように，巨大化，グローバル化したリスクが同時進行しているのが現在のリスクの特徴なのです。

　こうした現代的な重大リスクに直面している我々は，そして国は，損失の軽減や移転を主な目的としているリスクマネジメント（以下，必要に応じRMと表記）にどういう目標や機能を付加しながら今後，展開すべきでしょうか。

　本章ではこうした問題意識を持ちながら，次のような諸点から問題を検討していきます。

- RMの目的や機能の再検討
- グローバル・ビジネスにおける重要視点としての異文化理解の重要性
- 台湾，ベトナム，日本における国民文化の違いに関する実態調査比較

- 異文化リスクマネジメントを踏まえたWell-being経営
- Well-being経営の事例

2 リスクマネジメントの目的と役割の進化

　リスクマネジメントの目的は，どういうリスクを対象とするかにより異なります。損失のみを生じさせる純粋リスク（例：火災，事故，不正ほか）を対象とする場合は，リスクマネジメント活動の目標は一般にリスク回避とリスクによる損失の予防，最小化そして転嫁です。

　一方，損失と同時に利得の可能性をも含む投機的リスク（例：金融リスク，戦略リスク，人材採用リスクほか）の場合は，損失に対しては純粋リスクと同様その予防，最小化を図るとともに，利得に関しては投機的リスク負担によるリターンの最大化を目標とします。このリターンの中にはビジネスの分野では，売り上げ，収益，市場占有率などの経済的リターンを目標とすることがこれまでの典型的な目標でした。

　RM活動の対象が純粋リスクであれ，また投機的リスクであれ，アウトプットされるRM活動の成果に注目すると，ビジネスの分野では前述の損失額，事故率，売り上げ，市場占有率などの経済的指標が中心的指標でした。しかし，そこでは活動の担い手の社員のモチベーションや成長などの人的要素についてのマネジメントがブラックボックスとなっており，そのリスクマネジメントが軽視されてきたのです。

　これからのRM活動においては，投機的リスクの場合は勿論，純粋リスクにおいてさえも，リターンの中に経済的指標に限定するのではなく，さらにはそこで働く社員（利害関係者，家族などを含め）のモチベーション，職場での満足度，離職率，社員の成長など質的でソフトな指標にも注目し，改善を図るリスクマネジメントが重要です。なぜならば企業を動かすのは社員やその関係者であり，リスクの直接的あるいは間接的原因が特に内部にある場合には，なおさらこうした人々を対象にしたRM活動がRM効果のみならず企業経営全体の価値向上に結びつくからです（図表1-1）。

　こうした考え方に同調するのが近年言われている社員の心や満足，幸福感に

図表1-1　リスクマネジメントの役割と目的の変化

＜企業の純粋リスクを対象＞

＜企業の投機的リスクを対象＞

注：＋の意味はこれからのRM目標にアンダーラインをした人的マネジメントを付加する必要があることを示している。
出所：筆者作成。

も焦点を合わせる Well-being 経営です。企業における Well-being 問題については近年何人かの論者が検討していますが，[1] 筆者の Well-being 経営の定義やコンセプトは次のものです。

　「Well-being 経営とは，社員の身体的，精神的，社会的健康などの増進を通した幸福感の醸成を企業の重要な経営課題と捉え，社員ほかの満足度やモチベーション向上を図ると同時に，結果として企業価値向上にも結びつけ，統合的に捉えようとする経営手法です。」

　そのためには，会社および社員が関わるリスクを最適化し（前述のマイナスリスクによる悪影響は最小化し，リスク評価をしたうえでリスク負担によるチャンスの可能性を最大化すること），社員の持つ潜在的能力を最大化させ，幸福感を醸成する企業文化やマネジメント・プロセスが必要です。
　本叢書ではこうした Well-being 経営問題についても検討します。

　一方，戦争という人間が作り出す悲惨な行為としてのソーシャル・リスクを

防ぐあるいは最小限に抑えるには，RMはどうすればいいのでしょうか。既述した欧州や中東における戦争の悲惨さを見ると，戦争をなくすあるいはその発生を最小限に抑えるには，我々は何をすべきなのかということも考えたくなります。戦争の原因は政治的，宗教的，歴史的，経済的そのほか，いろいろあるのでしょうが，この問い「人はなぜ戦争をするのか」という問題について，かつて天才二人が意見を交換したことがあります。その回答内容は今でも大いに参考になると思いますし，本章で筆者が強調したいことと通じるものがあります。[2)]

　その天才二人とは，心理学者フロイトと物理学者アインシュタインです。1918年に第一次世界大戦が終わり，1920年には国際平和を目的とする国際連盟が創設されましたが，国連は，1921年にノーベル物理学賞を受賞していたアインシュタインに「今の文明において最も大事だと思われる事柄について，意見を交換したい相手と書簡を交わしてください」というお願いをしました。選んだ相手はフロイトで，テーマは「人間を戦争というくびきから解き放つことはできるのか，戦争を避けるにはどうすればいいのか」というものだったのです。フロイトはこの問いに対して1932年の書簡で心理学者的な次のような結論を示しています。それを筆者なりに解釈したのが次のものです。

　　「人間には攻撃性があり，その最たるものが戦争。この戦争をなくすには，国連といった中央集権的な機関などで，裁定を押し通そうとしても無理である。人間の攻撃性を別のはけ口に向かわせなければならない。それは人と人の感情と心の絆を作り上げていくことであり，ほかの言葉で言うと文化の発展により，心のあり方を変えていくということである。知性の強化により，攻撃本能を内に向けるということである。結論としてフロイトは文化の発展を促せば戦争の終焉へ向けて歩み出すことができる。」

と述べています。[3)]

　この考え方は約100年後の今でも通用すると思います。要するに人間の悪の部分を内に向けるため，教育により，文化の理解を普段から進めていくことが，争い，戦争を終焉に向かわせるのではないかということです。

　筆者はこの叢書においても，アジア・ビジネスでの異文化理解が，商品，サービスの売り手と買い手，そして社会にリスクやトラブルの軽減をもたらし，

Well-being の向上に貢献すると主張しています。

3 グローバル・ビジネスにおける重要視点としての異文化理解

3-1　異文化のビジネス culture 理解の重要性[4]

　企業経営の典型的な成功指標として，売り上げ，収益，マーケット・シェアなどの量的指標があります。こうした指標を中心に企業成果を見ることを優先させると，それらを生み出す現場での社員と様々な利害関係者との意見や経験の共有がおろそかになる可能性が高まります。その結果，経営者と社員との仕事面でのニーズ，経営理念の共有などを中心とする社内コミュニケーション不足を生む原因となります。

　こうした短期的視点で経営成果を見る経営姿勢は，国内マーケットにおいても，また海外マーケットにおいても経営者と社員間のコミュニケーション・ギャップの問題を生むことにつながります。重要な視点は経営者が現場で働く社員すなわち人的資源に目を向け，本業を通じて社員をはじめとした利害関係者の幸福感を醸成するという中・長期的視点なのです。

　すなわち最初に経営者から一番近い社員との仕事面でのニーズ，労働観，経営理念の共有などを中心とする社内コミュニケーションから始まり，各国ターゲットのニーズ，商品との関係性，価値観などを把握し，その後，戦略の展開となるのが望ましいと言えます。こうした働く現場での社員に的を絞った指標を大切にする企業は中・長期的に成長路線に入っていき，持続的成長が可能となります。

　企業経営者は往々にしてこの順番を間違えます。つまり最初に考慮すべき社員との様々な局面での共有，つまりコミュニケーションが欠落しており，結果として社員の退職，時には労働ストライキ，ターゲットのニーズ把握の誤りなどのリスクを生じさせます。特に新興諸国のマーケットに進出する場合，経営者はこの種の誤りを犯すことが多いようです。

　その主な原因は，経営者と社員との仕事面でのニーズ，労働観，経営理念の共有などを中心とする社内コミュニケーション不足であり，その源は相手国社

員のマクロ的な国民特性や価値観，そして社員個々人のミクロ的な個性の把握不足からです。言い換えればビジネスにおける異文化要因の理解不足と言えます。異文化要因の理解不足からくる経営損失の事例を次に示してみましょう。

3-2　異文化への配慮不足による損失と成功の事例

(1) 店舗レイアウトと消費慣習とのギャップによる評判リスクの発生の事例―吉野家

　ビジネスcultureを構成する一つの要因に，顧客の消費慣習があり，この消費慣習に影響を与える要素の一つに店舗レイアウトがあります。この事例は海外進出時の店舗レイアウトと顧客の消費慣習とのギャップが評判リスクを生じさせた例です。少し古い事例ですが，食文化の違いを売り手が理解するのに役立つものです。

　1899年日本橋の魚市場からスタートした吉野家は1958年から牛丼をメインとする会社として再スタートしました。現在の「うまい，早い，安い」が重要な同社の価値観であり企業理念でもあります。海外の店舗は2018年には817店舗を数えており，アジアには9つの国に進出しています。日本での店舗レイアウトは言うまでもなくカウンターによるサービスです。1988年台湾に吉野家の1号店が開店，日本と同様のカウンター方式でしたが，台湾の消費者のカウンターへの評価は厳しいものがあったのです。

　外食は家族やグループでにぎやかにテーブルを囲むのが台湾をはじめ華人の常識でしたが，家族がカウンターに並んで食事をすることに大きな抵抗を示したのです。現在は，台湾ではカウンターは廃止されており，2018年3月上旬に筆者が台北を訪問し，吉野家に行った際には，すべてテーブル席でした。カウンターによるサービスは日本独自であり，台湾やほかのアジア，米国でも同様にカウンターへの評判は悪かったのです。

(2) 台湾における食文化と日本の駅弁との融合化の事例―崎陽軒[5]

a) 崎陽軒の歴史と概要

　崎陽軒はシウマイ，弁当を中心にお菓子，肉まんなどの商品を販売していますが，その歴史は古く1908年（明治41年）の創業以来，約112年の歴史を有し

ています。同社のホームページによると，崎陽軒のシウマイは1928年（昭和3年）の発売以来，「変わらぬレシピで，また冷めてもおいしい」というコンセプトで販売されてきています。

　1954年（昭和29年）には「横浜ならではの駅弁をつくりたい」という思いから，シウマイ弁当が登場。崎陽軒の「冷めてもおいしい」へのこだわりがこのお弁当にも継承されています。

　商品全体の年間売り上げは245億円，従業員数1974名（2020年）であり，経営理念は「崎陽軒はナショナルブランドを目指しません。真に優れたローカルブランドを目指します」というものです。崎陽軒は自らローカルブランドを目指すことを標榜しています。ローカルに徹して商品性を追求していけば，全国で通用するナショナルブランドになり得るという考え方です。

　ところが，2020年8月台北に進出，海外第1号店を台北にオープンさせることにしたのです。2018年と19年に台北での催事に出店し，そこでシウマイ弁当を販売。その際に冷めたものを好まないという台湾人の食に対する嗜好などをヒアリングし，今回の台湾出店にあたってはご飯とシウマイを温かい状態で提供することにしました。

b）なぜ，台湾に進出したのか

　横浜の人口減少の中，インバウンドに弱く，海外に打って出る戦略に転換。台湾は日本文化や駅弁になじみが深いとして，中華圏への進出の足がかりと位置づけたのです。しかし，かねてからの同社の「冷めてもおいしい」，「ローカルブランドを目指す」という考え方との矛盾はないのでしょうか。この点については後述します。

c）どう，味，食文化などの面で異文化に適合したのか

　前述したように，2018年と19年の催事におけるリサーチで，日台の食文化の違いを認識した点があります。台湾には「台鐵便當」という弁当があります。台北駅のほか，地方の大きな駅で販売され，市内にはショップもあれば，最近では大手により弁当のコンビニ展開も始まりました。しかも，これらの弁当は台北駅の建物内に弁当を作る場所があり，温かい状態で客に提供されています。駅弁だけではありません。台湾の学校は給食完備ではなく，学校によっては毎

日，親がお昼どきにできたばかりの弁当を届けるところもあります。持参してきた生徒の弁当は，クラス毎にコンテナで温められます。このように台湾の弁当文化は日本とは相当異なります。そこで崎陽軒は同じ弁当文化でも食習慣・食文化の違いを反映させ，ご飯とシウマイを温かい状態で提供することにしたのです。

　もう一つの食文化の違いを反映させた対応はシウマイやおかずの弁当の盛り方の違いです。日本ではシウマイ弁当は幕の内弁当の形ですが，台湾ではいわゆる基本的にはご飯の上におかずが載った丼物的なスタイルです。このように同社は弁当の温度，形の面での台湾文化への適合をしていきました。

d）ビジョン・理念との関係は

　「冷めてもおいしい」を標榜する同社では，温かくすることについては「買った状態では温かく，冷めてもおいしいという点をPRしていきたい」と言います。そういう意味では「ローカルブランドを目指す」というビジョンも進出国の食習慣に柔軟に適合させていると言えます。

e）その後の状況

　台北駅の店舗は「幸先の良い滑り出し」といい，想定を上回る売れ行きを示していると言われています。オープン直後から店舗前には列ができ，オープンから約1か月が経った9月頃でも，店頭にはシウマイ弁当などを求める人が列をなす状況と言われています。

(3) 進出国の好ましくない商慣習（倫理リスク）に巻き込まれ損失に到った例—日本交通技術社

　鉄道コンサルタント会社「日本交通技術社」（JTC）は，鉄道事業の受注に関し，インドネシア，ベトナム，ウズベキスタンの政府高官ら13人に対し，2009年から2014年の間に，総額約1億6000万円の不正なリベート（賄賂）の提供を行い，不正競争防止法違反に問われました。例えば，ベトナムでは，ハノイ市都市鉄道建設事業にあたり，コンサルタント業務の契約をベトナム鉄道公社と締結する際に（受注額約42億円），同公社の職員が6000万円のリベートを日本交通技術国際部次長に要求。契約内容の変更などを理由にリベートの増額を求

められ，最終的には計6600万円を支払ったのです。

　インドネシアでは約2600万円，ウズベキスタンでは約7100万円の不正なリベートを政府高官に供与しました。

　同社の業績悪化の中で受注を受けるために，相手国で当然視されているリベートを提供した事例ですが，相手国のビジネス慣習の中にはこうした不適切なものもあり，最終的には同社は不正競争防止法違反に問われたのです。

　以上の事例は，ビジネスcultureに関するその国独自の慣習や習慣への把握不足が日本企業に損失を招いた事例と，その逆の成功事例ですが，進出企業側からすればこうした特性を進出前に国民特性の視点から把握しておくことが重要と言えます。なぜならば国民特性が，その国の購買習慣やビジネス慣習，ビジネス面での様々な振る舞いに大いに影響を与えていると考えられるからです。

　進出企業のマネジャーや本社サイドでは，進出国のビジネスcultureを含む国民特性を広く理解・評価し，それに適応できる人事管理や戦略を打っていくことが重要です。そのためにはcultureという目には見えないけれども，その国の人や価値観のベースになっているcultureをいくつかの尺度で評価することが必要になります。

4 台湾，ベトナム，日本における国民文化の違いに関する実態調査比較

　2020年，筆者の所属する専修大学商学研究所のプロジェクトチームは，異文化経営に関する調査として次に示す概要に基づきアンケートを実施しました。最初にその調査と結果の概要を示し，次に現地の日系企業家がどの程度，異文化問題を認識しているか，その異文化問題の内容は何か，それをどういう方法で軽減・最小化したかなどの点から検討します。

4-1　調査概要

〈調査目的〉

　日系企業の現地社員と日本人スタッフ・経営者間においては文化的背景が異

なるが故に誤解やトラブルなどが発生し，経営効率ほかの低下を招くことが考えられます。それをここでは異文化リスクととらえて，日本人スタッフや経営者から見た異文化リスクの状況について理解し，効果的な対応を探るため実態調査を実施しました。

〈 調査時期 〉
2020年10月7日〜10月29日（ベトナム）
2020年12月5日〜12月23日（台湾）

〈 調査方法 〉
• Onlineと一部郵送によるアンケート調査

〈 質問項目 〉
1）現地社員の仕事観，国の文化，慣習の違いなどによる異文化リスクを感じたことがありますか。
　①感じた頻度（下記の一つを○で囲んでください）
　　「非常に多い」，「時々ある」，「あまり感じない」，「全くない」
　②年間，何回ぐらいありましたか。（　　　　　回／年）
2）お感じになった異文化リスクはどのような点に起因するものでしょうか。
　（複数回答可。該当箇所を○で囲んでください）
　（ア）一般的な生活慣習，習慣の違い（食習慣などの違いを含め，具体的にお書きください）
　（イ）国民性や宗教の違い
　（ウ）仕事に関わる価値観の違い（賃金，昇進・昇格・時間外労働などでの考え方の違いなど）
　（エ）福利厚生面での考え方の違い
　（オ）社員やその家族とのコミュニケーションの違い
　（カ）その他（簡単にお書きください）
3）上記のリスクやトラブルをどのようにして解決しましたか。可能な範囲で具体的にお書きください。
4）お差支えのない範囲で貴社の概要をお書きください。

- 社名（書いていただいても公表はしません）
- 取扱商品（現地法人の主な取り扱い商品）
- 年商（大体の本社の年商：公表可能な場合）
- 社員数（大体の国内と現地）
- 企業理念あるいはモットー（標語など）

〈 調査対象 〉
　ベトナムと台湾の日系企業約200社を対象に調査し，30社から回答

〈 調査主体 〉
　三進インターナショナル社の協力を得て商学研究所上田プロジェクトが実施

　上記の調査概要に基づく調査結果について，以下，ベトナムと台湾進出企業が経験した「異文化リスクの概要」,「異文化リスクへの対応策ほか」について検討します。

4-2　ベトナムと台湾の調査結果に見る異文化リスクの概要とその対応方法に関する調査結果

(1) ベトナムと台湾の調査結果に見る異文化リスクの概要

a) 回答企業30社の異文化リスクの知覚レベル

　ベトナムと台湾の異文化リスクの知覚レベルを示したのが図表1-2です。
　30社の回答で「非常に多い」と回答した日系企業はベトナムで8社，台湾は4社であり，ベトナムでは台湾の2倍です。「時々感じる」ではベトナム17社に対し，台湾23社と台湾が多くなっています。プリミティブな調査・分析ですが，「非常に多い」という回答から見て，ベトナム進出の日系企業の異文化知覚レベルは台湾のそれよりも高いと言えます。

b) 調査結果による異文化リスクの主な内容（ベトナム）

　以下の回答は，現地日系企業の異文化リスクに関する現地日本人スタッフの生の声です。

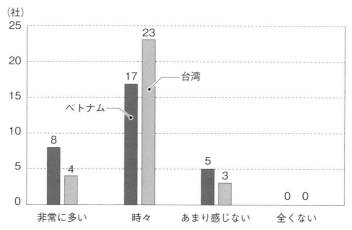

図表1-2　ベトナムと台湾の異文化知覚リスクレベル

出所：筆者作成。

1)「特に仕事については，指示待ち・言われたことのみする姿勢が強く残っており，自ら考えて仕事を創造する発想・能力が欠けており，モチベーションアップに繋がる方策が見つからない」　　　　　　　　　　（ソフトウエア会社）

2)「仕事時間外は，スタッフに仕事関係の連絡をしない（ベトナムの家族を大切にする習慣を大事にしている）」　　　　　　　　　（スポーツスクール）

3)「ミスをしても人前で怒らない（ベトナム人は異常にプライドが高く，これもこの国の文化として大切にしております）」　　　　（スポーツスクール）

4)「日本のような時間厳守に厳しすぎる文化をなくす（ある程度の常識は保ったうえで，自由度を与えている）」　　　　　　　　（スポーツスクール）

5)「様々な分野において，良い意味でルールをすべて守らないこと（悪い事をするとかではなく，臨機応変に対応して行動しないと，契約書にこう記載されているから，ルールを守れと言っても全く通用しない）」

6)「一定レベルを超えるとすべてを放り投げてしまうので，あきらめずにしつこく説明する事」　　　　　　　　　　　　　　　　（自動車部品再生）

7)「私が特に感じるのはベトナム人の多くの人が，今のことしか考えない場合が多いように思います。そのことをすると人はどう思うのか，近い将来どうなるのかを考えないとどんなことが発生するかを立ち止まって考えるように指導をしています」　　　　　　（ベトナム進出コンサルティング）

c）アンケート調査回答による異文化リスクへの対応内容（ベトナム）

1）報告，連絡，相談などに関して，最重要なことは必ずするように，何度も話しました。

2）現地の習慣を優先した。

3）異文化の懸隔を埋めるためには，相手の考え方や価値観を否定はせず，一方で日本の文化・価値観は事ある毎に主張しながら，両社の妥協点を時間をかけて見出すことだと思います。

4）共通言語の文字や絵に書き出し，一つひとつ同じ認識を持っていることを確認しながら，論理立てて説明し，スタッフに理解を得る。

5）やりがいのある仕事環境の構築。

6）一定レベルを超えるとすべてを放り投げてしまうので，あきらめずにしつこく説明する事。

7）基本的にはこの国の文化習慣として納得し受け入れる。ただもし，それでは進めない場合，自分の考えを伝え，理解してもらう。しっかり目的や理由を説明すれば，トラブルにはならない。

8）解決方法はなく，解決ではなく相互理解が不可欠だと思います。

9）日本企業や日本人が当たり前と考える仕事の進め方はいったん忘れ，ベトナム企業やベトナム人の仕事の進め方を理解し，じっくり対話すること以外に解決策はないと感じる。特に，日本企業では，上司が部下の提案や提言を聞き，部下が意見を言いやすい職場環境を一般的に風通しがいいと言われるが，ベトナム企業では上司が絶対で，部下が自ら自発的に提案や提言をすることはほぼないと感じる。

10）結論から言うと，自分自身の考え方を，日本の常識は取っ払い，その国に寄り添った考え方に変えました。

11）文化の違いを認識し自身の企業経営との接点を見出すように努め，異文化リスクととらえないようにしています。

12）現地に合った規則作成，分かりやすい表による説明。

13）言う事はきちんと言うが，厳しさだけでは伝わらないので，時節毎の贈り物のやり取りや一緒に食事するなど硬軟織り交ぜるよう心がけている。

14）日本人がベトナムの文化や習慣の違いを理解すること，事実を自分の目で見て確認し，最適な方策を実施すること，リスクを考慮した計画にして

おくこと。

15）ベトナム人とのコミュニケーションを多くするように心がけている。また，信頼が置けるローカル社員から本音トークの内容を聴取している。

以上の日系企業の異文化リスクに対するリスク最小化策を見ると，明らかに異文化への理解を通したソフト・コントロール策（マニュアルやルールなどの順守を優先させるのではなく，話し合いなどを通じ，情報共有を重んじ信頼感などのソフト面を重視するアプローチ）がほとんどです。

筆者は既に別稿で異文化リスクのマネジメント策についてはその概要を検討しましたが，異文化リスクのマネジメント・ツールには主にハード・コントロールとソフト・コントロールがあり，社員のモチベーションや価値観の共有，信頼の向上などの面でソフト・コントロール策の実行が有効であり，現場でもそのような施策がとられていることが分かります。

5 異文化評価の６次元モデルと実態調査結果との比較分析

進出企業の経営者や社員が進出国のビジネスに関わるcultureを理解することの重要性はある程度分かったとしても，肝心なのは異文化をどう評価し，異文化と企業および経営ビジョン，異文化と経営戦略とをどのように結びつけ，どういう方法で外国人社員のモチベーション向上に結びつけるかです。ここではまず目に見えない異文化を特にマクロ的国民特性の視点からどのように評価・測定するのかという点について，ホフステードの国民の文化特性に関するモデルを検討します。

ホフステード（Geert Hofstede）はオランダの文化人類学者ですが，1967年から11万6000人のIBMの社員を対象に，72か国20言語で国別価値観を調査し，世界で初めて国別の文化の違いを分類しスコア化しました。その後も精力的に，1990年代〜2000年代にかけてはIBMの研究を継続的に他機関に応用し，追調査を行い，2014年にはミンコフ（Michael Minkov）による世界価値観調査の研究をベースに，現在の６次元モデルを作り上げています。

5-1　6次元モデルの概要

　ホフステードは社会における文化的特性や国民特性を理解しようとするモデルを，次の6つの視点から6次元モデルとしてマクロ的に紹介しています（次に筆者がそのポイントを示しています）。

　①権力格差の大小（上下関係の強さや距離をどれだけ受け入れるか）
　②個人主義の強さ・集団主義の強さ（個人の利益尊重かそれとも集団の利益やニーズを尊重するのか）
　③男性的文化かそれとも女性的文化が強いのか（業績や社会的成功に重きを置くのか，弱者支援や生活の質重視かどうか）
　④不確実性の回避心（高いか低いか）
　⑤長期志向か短期志向か
　⑥人生の楽しみ方（希望に対して充足的でポジティブか，それとも抑制的でネガティブか）

　上記の6次元でのモデルを，もう少しビジネス・シーンに置き換えて説明したのが図表1-3です。
　見えない国民特性を6つの尺度で分析し，見える化しようとするのは興味深い分析ですし，いくつかの長所はありますが，同時に次のような批判もあります。

〈 ホフステードの6次元モデルの長所 〉
- シンプルであり，複雑でないこと
- 文化をステレオタイプ化し，文化の国際比較を可能にしたこと
- 統計的に説明したこと

〈 ホフステードの6次元モデルの短所 〉
- 文化的特性を単純な統計的な視点に変えて分析している
- 分断（解）による誤り（分析を6次元に分けた点）
- 複雑なものを単純化しすぎている

図表1-3　ホフステードの国民の文化特性に関するモデル

1. 権力格差の大小	・権力格差が大きい社会では部下は上司が家父長的な頼りがいのある人であることを望む。 ・権力格差が小さい場合，上司と部下の距離は近く，役職の高低差にかかわらず，平等・公平であることを望む傾向がある。
2. 個人主義・集団主義	個人の意見を重視するか，集団の意見を重視するかの傾向。 ・個人主義では個人の意見を尊重，自尊心の損失を罪であるととらえ，明白なコミュニケーションを好む。 ・集団主義では調和を重んじ，暗黙のコミュニケーション，職務より人間関係重視，メンツを失うことを恥ととらえる傾向。
3. 男性的文化・女性的文化	・男性的文化が強い社会では，成功と称賛に価値を置く，業績重視，家庭より仕事重視。 ・一方，女性的文化が強い社会では，生活の質重視。仕事より家庭に重きを置く傾向。
4. 不確実性の回避	不確実な出来事に対する態度の違いと関係している。 ・不確実性の回避心が高い傾向のある文化では，それを避けるために規則，構造を重視，曖昧な状況を嫌い，ストレスが多い。リスクをとらない傾向があり，トップは日々のオペレーションを気にする。 ・不確実性の回避心が低い文化では，規則は少なめで，リラックス，リスクをとる事に大きな抵抗を示さない。新しい手法を奨励。
5. 長期・短期志向	長期的利益か短期の財務を重視するかなどに関する違いと関係している。
6. 人生の楽しみ方	希望や望みに対して充足的か，抑制的かの違いと関係している。 ・充足的文化では楽観主義でポジティブ思考奨励，道徳的規範が少ない。 ・抑制的文化では悲観主義的で，道徳的規範が多く，謹直で厳格な態度が信用される。

出所：ホフステードほか（2013），および宮森・宮林（2019）を参考に筆者が作成。

　このモデルに関しては，こうした批判はあるものの，ホフステードによる分析を4か国のカルチャー比較として，レーダー・チャートにしてみると（図表1-4），4か国（日本，ベトナム，台湾，オーストラリア）の国民文化特性の差が明確に分かり，企業にとっては外国人社員の意識や態度を理解する際の参考の一つになるのではないでしょうか。

図表1-4　4か国の異文化評価マップ

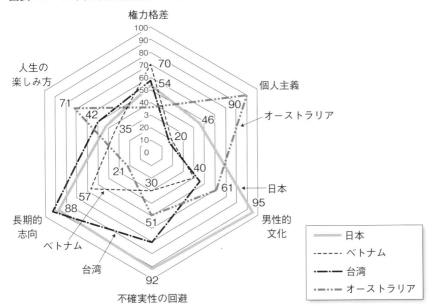

出所：ホフステードの6次元モデルおよびHofstede Insightsを参考に，筆者がグラフ化したもの。

5-2　6次元モデルによる国民文化の4か国（日本，ベトナム，台湾，オーストラリア）の特徴比較

(1) 4か国での顕著な文化的違い（図表1-4より）

a. 最も大きな差は，実線の日本の「不確実性への回避心」が他国に比べ非常に高く，「男性的文化」が強く，また「長期志向」が台湾とともに高い点です。

b. 点線で示したベトナムは「権力格差」が4か国中，最も高く，「男性的文化」が弱く（「女性的文化」が強い），また「不確実性への回避心」も低い。

c. ベトナムと台湾（一点鎖線）は「不確実性の回避心」と「長期志向かどうか」という点で違いがある（台湾の「不確実性への回避」心はベトナムよりも強く，日本よりは弱い。「長期志向かどうか」という点でも台湾はベトナムよりも長期性がある。

d. 西欧文化の特徴を持つオーストラリア（2点鎖線）は4か国中，「個人主義」が最も強い。また「人生の楽しみ方」の面で希望や望みに対して充足的志向が最も強い。

5-3 ホフステードの6次元モデルによるベトナムの文化特性と実態調査結果との比較分析

　ここではホフステードの6次元モデルによるベトナムの文化特性と筆者による実態調査結果とを比較分析し，ホフステードのモデルと実際のベトナム進出日本企業が知覚している文化特性とを比較します。

　図表1-5の左側が既に示したホフステードの6次元モデルによるベトナムの文化特性であり，同表右側が実態調査結果です。

　図表1-5から言えることは，特に5つの指標（①権力格差，②集団主義，③女性性，④不確実性の回避志向，⑤短期志向）について，ホフステードの6次元モデルでの一般的見解（図表1-5の左側）とアンケートでの実態調査結果（図表1-5の右側）とでは，かなり類似の結果が得られたということです。

　制限のあるシンプルなアンケート結果ですが，ベトナム人の一般的国民特性がビジネスの分野でも，かなりの程度適応可能であり，日系企業のマネジャーおよび本社のスタッフにおいても経営管理視点からの人的資源管理面での有益な指針として理解できます。

5-4 ベトナムにおける6次元モデルとアンケート調査結果を踏まえた異文化リスクマネジメントの方向性

　ここでは，日本とベトナムとの文化的側面の比較で最も日本との差が大きいのが，「不確実性の回避心の高低」，「男性的文化か女性的文化か」，「短期志向か長期志向か」という三つの文化指標ですので，この視点から調査結果ほかを踏まえて，小括としてベトナムにおける異文化リスクマネジメントの方向性について検討します。

図表1-5　6次元モデルと実態調査結果との比較分析表

比較指標	ホフステードの6次元モデルの見解	実態調査結果による関連見解
1) 権力格差	ベトナム人のこの面でのスコアは高く（70），彼らは組織内での序列を受け入れており，この面での改善の必要性は感じていないということを意味している。 中央集権は普通である。<u>部下は上司からの行動指示や命令を期待している。</u>	特に仕事については，指示待ち・言われたことのみする姿勢が強く残っており，自ら考えて仕事を創造する発想・能力が欠けており，モチベーションアップに繋がる方策が見つからない。 （ソフトウエア会社）
2) 個人主義・ 集団主義	この面でのベトナムのスコアは20であり，集団主義が強い社会である。<u>家族，関係者，仲間などに強い関係性と責任を持つ傾向がある。</u> <u>攻撃は恥につながり，メンツをなくすことにもつながる。</u> <u>社員と経営者の関係は，家族間のつながりのように心理的なつながりの中でとらえられ，採用や昇進は仲間の中での社員の問題としてとらえられる。</u>管理は仲間の管理という枠組みで考えることが重要。	仕事時間外は，スタッフに仕事関係の連絡をしない（ベトナムの家族を大切にする習慣を大事にしている）。 （スポーツスクール） ミスをしても人前で怒らない（ベトナム人は異常にプライドが高く，これもこの国の文化として大切にしております）。 （スポーツスクール）
3) 男性性・ 女性性	<u>ベトナムは女性性の社会。職場のマネジャーが重視すべきは，コンセンサスであり，人々は質，連帯，労働面における質に重きを置く。</u> 衝突は妥協やネゴシエーションで解決する。<u>自由時間，柔軟性を重視することが好まれる。幸せかどうかがポイントである。</u>	日本のような時間厳守に厳しすぎる文化をなくす（ある程度の常識は保ったうえで，自由度を与えている）。 （スポーツスクール）
4) 不確実性 の回避心	不確実性の回避心に関するベトナムの30は低く（日本は90で非常に高い），将来の不確実性を避けようとする傾向は低い。したがって普段の人々の態度はリラックス・モードであり，原理・原則よりも実践に重きを置き，規範などからの乖離については許容範囲があり，我慢できる。 <u>こうした不確実性の回避心が低い社会や文化では，必要以上のルールは不要であり，そうしたルールが曖昧で機能しないならば，変えるかルールを</u>	様々な分野において，良い意味でルールをすべて守らないこと（悪い事をするとかではなく，臨機応変に対応して行動しないと，契約書にこう記載されてるから，ルールを守れと言っても全く通用しない）。

（続き）

	廃棄すべきであると信じている。行動計画予定については柔軟であり，ハードワークは必要があればするが，そのことだけのためにはしない。正確さや時間厳守は自然には生まれず，イノベーションも脅威として受けとらない。	
5）長期・短期志向	長期的か短期的かの指標で，<u>ベトナムは57であり，短期的志向が強い</u>。実用性重視の文化があり，この文化では人々は，真実は状況や文脈，時間により変わると考える。	一定レベルを超えるとすべてを放り投げてしまうので，あきらめずにしつこく説明する事。　　（自動車部品再生） 私が特に感じるのはベトナム人の多くの人が，今のことしか考えない場合が多いように思います。そのことをすると人はどう思うのか，近い将来どうなるのかを考えないとどんなことが発生するかを立ち止まって考えるように指導をしています。 　　　（ベトナム進出コンサルティング）

注：アンダーラインは特にモデルと実態とが近似している部分である。
出所：筆者作成。

（1）不確実性の回避心が非常に低い

　ベトナム社員との関係においては，マネジメントの方向性として，規則やルールを押しつける（ハード・コントロール優先）ではなく，自由なアイディアが出やすい柔軟な対応（ソフト・コントロール）を優先させることが重要です。この点は，ベトナム進出日系企業対象のアンケート調査結果でも指摘されています。自由なアイディアは企業経営にとって柔軟な思考を育み，新商品開発などに結びつく重要なマインド・セットであり，これにブレーキをかける施策や言動は好ましくないのです。

　ただ柔軟な対応が重要とは言え，企業としての目標や理念などに関わる重要要素のお互いの相互理解，信頼があったうえでの柔軟な対応が必要です。経営者は，ガバナンスと柔軟対応との優先順位を間違えてはいけません。

（2）女性的文化が強い

　ベトナムは女性的文化が日本に比べ非常に強い。この文化の下では，仕事よ

図表1-6　ダナンのIT企業の社員への配慮

出所：2019年11月訪問時のダナンR社（筆者撮影）。

りも家庭重視，職場の労働環境重視，生活の質重視の傾向が見られます。したがって，マネジメントの方向性としては福利厚生面，食事面，家族への配慮など，業績や数字以外の面にも配慮することが重要です。この点もアンケート調査結果で指摘されています。

　この点に関し，筆者が2019年に訪問した下記企業の事例を以下，検討します。

事例：　2019年11月に訪問したベトナム，ダナンにあるベトナム系中堅IT企業R社はきれいなビルにあり，清潔なオフィスでした。業務中にラジオ体操の音楽を流していたとともに，オフィスに卓球台，パターマット，サンドバックなどの設備を配置。これは社員が最大の財産という同社の考えの表れであり，かつストレス・マネジメントの一環でもあります。筆者は日本企業でこうした設備を配した企業を見たことがありません（図表1-6）。

　　　　さらに同社は人材が第一，家族第一という考えで，残業をさせない，休暇をとらせる，家族にも誕生日プレゼントを贈る，女性の日を年に2

回設定しているなどの配慮をしています。

（3）短期志向が強い

　ベトナム社員の短期的視点を重視する特性を踏まえた経営幹部の対応が重要です。この点も記述のアンケート調査結果で指摘されています。

　例えばベトナム人社員は目先の経済的な年収に特に関心が高いと思われるので，会社の成長とともに年収も向上させる計画の概要などについて情報共有することなどが双方のコミュニケーションにつながると言えます。

　前述のR社の離職率は18％であり，ベトナムIT業界全般の25～30％と比べ，低い割合であり，人材を最重要とする同社はこうしたベトナム人の特性を踏まえた対応をしている表れです。

　以上の検討からも分かるように，日系進出企業においては，特に異文化を理解しつつ，関係者とりわけ社員のWell-being感と生産性ほかを伸ばすマネジメントを志向することが重要です。このことは国内のオペレーションにおいても同様，日本人社員の微妙な個性や価値観の違いを踏まえた人的資源管理が本社サイドにおいて必要です。

　筆者はこれまで異文化リスクのマネジメント問題について，何度か講演や報告をしてきましたが，フロアからのコメントの中で印象深いコメントとして次のものがあります。

　それは，「こうした検討結果を是非，本社サイドの人事や関連部署のリーダーに伝えてほしい」というものです。現場では異文化の違いによる対応の必要性を認識しても，その対応を効果的にし，社員のモチベーションやパフォーマンスの向上に結びつけるには，本社サイドのいわば経営管理視点からの事前研修や人的資源管理による協力が必要です。その際に筆者は現場でのWell-being感の醸成とパフォーマンス向上の双方の目的達成のため，次節で検討する異文化リスクの管理プロセスを提案したいと思います。本社と現場とがまさに価値観を共有し，同じ目線で現地経営を進めていくことが重要なのです。

6 経営管理視点からの社員のWell-being向上と パフォーマンス向上策

　ではどうすれば，進出日系企業は異文化理解のうえ，社員のWell-being感を向上させ，なおかつ会社全体のパフォーマンスを向上させていくのかについて，6-1社員のWell-beingは一般にどういう要因で構成されているのかの視点，6-2 Well-beingを醸成するための経営管理プロセス視点から検討します。

6-1　社員のWell-being構成要因の視点から

　図表1-7はビジネスにおけるWell-being構成要因について，筆者が調べてきた事柄をまとめたものです。

　次の9つの要因を一企業がすべて兼ね備えて人的資源の管理を行うことは非常に困難です。現実的にどうすればWell-being経営に少しずつ段階的に近づくことができるのか，その方向を考えるべきです。

　まず重要なのは，経営者自身が社員と関係者のWell-being状態を作ることの重要性を理念として位置づけ，それを宣言・公表し，社員と共有することが必須ですし，本業の根幹である商品・サービスが社会問題の解決に役立つものといった商品要因も必須です。自社の良さを出しながら社員が心理的・物理的・身体的に働きやすい職場を作るため上記の諸施策を自社に可能な範囲で導入・改良していくことが重要です。

　各企業での具体的施策は本節の最後で検討しています。

商品の社会的価値と商品への顧客満足　（図表1-7の①と⑩）

　会社は本業である商品やサービスの生産販売を通して，関係者を幸せにする組織体です。こうした会社の存在意義を現実のものにするには何といっても商品やサービスが社会的問題の解決に役立つことが先決であり，それが社会に認められれば（顧客の満足度が高ければ），それに従事する社員や関係者のモチベーションは高揚します。

図表1-7　ビジネスにおけるWell-being構成要因

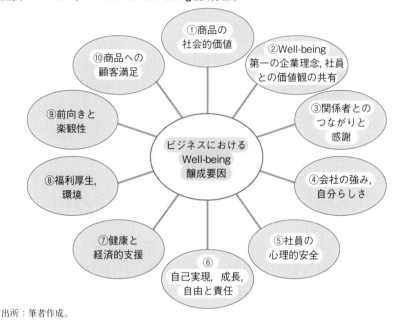

出所：筆者作成。

Well-being第一の企業理念，社員との価値観の共有（②）

　Well-beingのある会社を見ていくと，そこに社員のWell-being第一という強い理念を持って社員と共有していくリーダーの存在があります。

関係者とのつながりと感謝（③）

　Well-being状態は第三者との関係の中から生じます。そういう意味でもステークホルダーとの関係性が重要です。またビジネスは一人ではできません。チームワークが重要であり，仲間との相互信頼からWell-beingが生まれます。

会社の強み，自分らしさ（④）

　会社や商品にはそれぞれ強みと弱みがありますが，強みをさらに強化しつつ，その中で自分らしさが出せるところからもWell-beingが生じるようです。弱点の補強に力を注ぐよりも，むしろ各社員のいいところを伸ばすという考え方です。

社員の心理的安全（⑤）

　社員の心理的安全とは「チームにおいて，ほかのメンバーが，自分が発言することを恥じたり，拒絶したり，罰を与えるようなことをしないという確信を持っている状態であり，チームは対人リスクをとるのに安全な場所であるとの信念がメンバー間で共有された状態」です[7]。

　要するにオープンで自由闊達なコミュニケーションができ，誰も足を引っ張らない組織が社員に安心感をもたらし，いいアイディアや工夫が生まれ，全体的なWell-being状態が生まれる土壌になります。

　社員と仲間および上司間に心理的安全性の向上を期すために，例えばグローバル企業のGoogleでは週一で上司と部下がどんなことでも（仕事以外の事も含め）1対1で話をする機会を作っているとのことです。良いミーティングができない上司は，部下ではなく上司の評価が下がるそうです。

仕事を通しての自己実現，成長，自由と責任（⑥）

　Well-being経営の先駆者とも言える伊那食品の塚越寛氏は「会社の成長は売り上げ，利益第一でとらえるのではなく，社員一人ひとりの人間的成長の総和であり，会社の成長は社員の成長と連動していることが重要」ということを述べています。それとほぼ同じ意味で2016年にミャンマーに進出した山口県のM社（交通安全施設，区画線工事を業とする）の代表は「社員の夢を理解し，その夢の実現を後押ししてやることが重要」ということも過去のシンポジウムでお話されていました。

健康への支援，福利厚生（⑦と⑧）

　健康面への配慮はもとより，社員やその家族を思いやる心が大切であり，それが社員本人や家族に伝わっていきます。社員の個人的問題はタッチしないという経営者や上司の考え方は，社員のWell-beingや心理的安全の向上には結びつくことはないでしょう。

前向きと楽観性（⑨）

　ビジネスには困難や失敗がつきものです。その際，社員個人そして特に経営者がその原因を検討しつつ，ポジティブに前向きに，逆境をチャンスと思いつ

図表 1-8 異文化理解と Well-being を生むための現地と本社のマネジメント・プロセス

	主に現場スタッフの検討事項	主に本社サイドの検討事項
①自社の異文化リスクと社員の Well-being 理解の土壌分析	・現地社員のニーズ, モチベーション把握 ・経営理念や価値観は社員と共有できているか ・オープンな社風, 雰囲気かどうか	・経営理念として位置づけて, 現地日本人スタッフとの共有はできているか ・現地とのコミュニケーションは密か ・異文化コミュニケーション力のある社員の採用・教育をしているか
②異文化リスクの発見と評価, Well-being 醸成力の評価	・国民性, 宗教の違いなどを理解した労務管理, 商品開発 ・福利厚生, 家族とのコミュニケーション ・報酬, 昇進, 時間外労働への評価	・人事, 研修での異文化リスクマネジメントの学習 ・左記事項に関する現地スタッフとの情報と体験の共有
③異文化リスクへの対応と Well-being 実施手段の実行	・職場での社員の心理的安全の確保プラン ・Well-being 手段の実行と経営成果との関連把握	・Well-being 実施手段の策定と開示そして現地との共有 ・Well-being 手段の実行と経営成果との関連把握による検証とフィードバック
④異文化リスク情報と Well-being 醸成情報の共有	・現地のニーズを踏まえた異文化情報と Well-being 情報の把握と本社との情報共有	・現地との左記の情報共有を踏まえた研修

出所：筆者作成。

つ努力する思考が Well-being と復元力をもたらしてくれます。

6-2　Well-being を醸成するための経営管理プロセスの視点から

　異文化の理解不足による損失はリスクにつながり，異文化理解の経営はチャンスにつながります。そういう2面性を持っている異文化リスクのマネジメン

ト・プロセスの視点では，図表1-8にあるように①自国企業の異文化リスクに対する土壌を分析するところから始め，②次に異文化リスクがどこに潜んでいるかを見極め，③それへの対応を図り，④これらプロセスの各段階において異文化リスクに関する情報の関係者間での共有が重要となるとともに，各プロセスにおいて図表1-6にある各項目への日本企業本社と現地側の対応が重要となります。

　本社の経営幹部，現地社員はじめ関係者が図表1-8にある各プロセスの項目を理解し，実行していくことが異文化理解を可能とさせ，かつ企業のパフォーマンスを向上させることにつながります。

7 Well-being経営の構成要因とグローバル・ビジネスにおける事例分析

7-1　Well-being経営構成要因の体系化

　社員のWell-being感を向上させるには，何らかの施策が必要です。この視点からいくつかの企業の事例を見ていくと，Well-being経営達成の施策要因には経済的，物理的，時間的要因などに関わるハード要因と，社員の心理，モチベーション，経営者との信頼，教育・研修，成長などに関わるソフト要因とがあることが分かります（図表1-9）。

　図表1-9のWell-being経営達成の施策要因はその一例であり，今後，企業のマクロ環境における変化などにより，新たな施策要因が出てくるかもしれません。またハード要因，ソフト要因いずれも経営者の価値観，その国の規制や法律，国や国民の労働に対する価値観，国の文化，労働習慣ほかに影響を受けます。したがって日本企業のWell-being経営を進めるには，我が国の規制や法律，国や国民の労働に対する価値観，国の文化，労働習慣ほかにも影響を受けますが，最も重要なのはそうした環境下で，いかにして社員のWell-beingファーストの経営理念を具現化していくかという経営者の実行力です。この点，次に見る1928年創業の総合商社三谷産業の代表三谷忠照氏は現在37歳で4代目の若手

図表1-9　Well-being経営達成要因の体系化

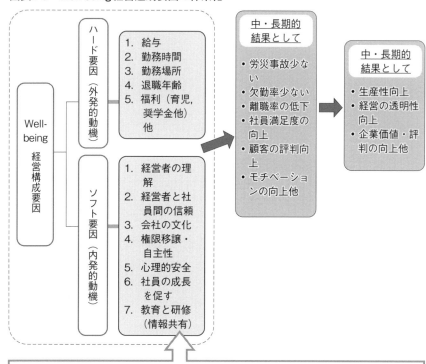

経営者の価値観, 国の規制, 法律, 国, 国民の労働に対する価値観, 国の文化, 労働習慣他

出所：筆者作成。

社長ですが, その実行力は高く評価できます。

7-2　三谷産業のWell-being経営構成要因の分析

　三谷産業のWell-being醸成の施策をWell-being経営構成要因に関する図表1-10に沿って, 以下, 分析します。

(1) 三谷産業のハード要因によるWell-being達成

1）三谷産業の勤務時間については, 多様な働き方を行うため下記のような施策をしています。[8]

図表1-10　三谷産業のWell-being醸成施策の体系化

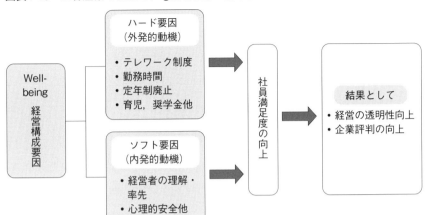

出所：筆者作成。

　テレワーク制度，時差出勤制度，短時間勤務制度，看護または介護の際に利用できる無給の休暇制度などの時間的，働く場所への配慮。

2）定年制廃止[9)]

　年齢制限をなくして長く働けるようにし，継続雇用を終える時に2度目の退職金を支給するのが柱。定年退職を事実上廃止する制度と位置づけており，上場企業では極めてユニークな人事制度。同社の三谷社長は「超高齢社会を迎える日本で，企業風土を築いてきたシニアを大切にし，社員一人ひとりがそれぞれの事情に合わせて「ちょうど良い働き方を」デザインできる「新たな終身雇用」を目指すと宣言しています。[10)]

3）奨学金

　平成29年3月27日の同社のプレス・リリースによれば，奨学金制度について，下記の内容が公表されています（一部紹介）。

　「社員が安心して働け，子育てできる環境づくりの一環として，社員の子女が大学進学に際してかかる授業料の一部，もしくは全額を給付する"給付型奨学金制度"の導入を当社および国内連結子会社すべてにおいて本制度が完備されることになります。」最大で90万円／年の給付型奨学金制度が完備されるとのことです。

(2) 三谷産業のソフト要因によるWell-being達成

1) 経営者の理解・率先

　前述したように定年制廃止は三谷忠照社長の肝いりで導入された点，また社員一人ひとりがそれぞれの事情に合わせて「ちょうど良い働き方を」デザインしようとしている点，本書の第1章で検討した非財務的経営指標である「Company Well-being Index」を独自に作成し，自主的に情報開示した点などは，三谷氏のそして同社のWell-being経営を引っ張っている大きな力となっています。

2) 社員の心理的安全

　社員がWell-being感を持ちつつ仕事に打ち込めるには，経営者と社員との信頼が大切ですが，これまで述べた三谷産業のハードおよびソフト要因によるWell-being醸成策はそれに値する施策と言えます。それが社員の心理的安全を向上させていくと言えますが，その検証には現段階では次の方法があります。

　一つは図表1-11にあるCompany Well-being Indexの「社員エンゲージメント・スコア」の確認です。ただ現段階では同図表からも分かるように準備中であり，今後の開示を待つほかありません。もう一つの確認方法は「社員エンゲージメント・スコア」とも関連する「ホワイト企業度」の指標であり，それは既に見た同図表に開示されています。これらについて，三谷氏はインタビューにおいて，次のような発言をしています[11]。

　「Company Well-being指標は，「事業基盤の部」「事業変革の部」「公益事業の部」の三つの観点から構成している。

　事業基盤の部では，社員が職場環境に満足し，いきいきと仕事に取り組めているかをアンケートにより定点観測する「社員エンゲージメント・スコア」を公開していく。また，所定時間外労働時間，育児休業取得率，入社後3年間の定着率などを客観的データに基づく形で開示する「ホワイト企業度」という項目もある。「奨学手当」の支給実績という項目もある。明記されている数値を見ると，約53百万円が支給され，社員70人の世帯に対してこうした支援を行っている。

　当社は，成果主義的な報酬体系をとっているが，それにより生じる社員同

図表1-11　三谷産業の Company Well-being Index の概要

	2020年度実績	21年度目標
Ⅰ．事業基盤の部 （事業価値への貢献と社員への貢献）		
・社員エンゲージメント・スコア		準備中
＜社員への貢献＞ 所定時間外労働時間（月間1人あたり平均，管理職）	71時間	62時間未満
所定時間外労働時間（月間1人あたり平均，非管理職）	37時間	45時間未満
育児休業取得率	男性100%，女性100%	男性 29%，女性100%
入社後3年間の定着率（新卒採用）	90%以上	86%
入社後3年間の定着率（キャリア採用）	80%以上	96%
奨学手当，社員子女育英資金および海外駐在員子女向けの教育費の支給総額と対象社員数	―	支給総額：約53百万円 対象社員数：70人
〈品質マネジメント〉 品質目標達成割合，[達成目標項目数/目標項目総数]	80%以上	89%
不具合の再発率【各部門】，[当該部門での再発件数/当該部門での再発防止策適用数]	0%	0%
不具合の再発率【全組織】，[共有案件と同一モードでの不具合件数/共有案件数]	0%	0%
〈安心安全〉 労働災害の発生件数	0%	0%
Ⅱ．事業変革の部 新規ビジネスの創出に向けた新たな取り組みに関するニュースリリース件数	12件以上	11件
Ⅲ．公益事業の部 公益事業に投じた金額	―	約1億4500万円
公益事業活動	―	フェイスシールドの寄贈，マスクフックの製作およびベトナム医療機関などへの寄贈，被災地支援活動，公益事業を目的とした財団への寄付ほか

出所：同社ホームページ参照（2022年6月20日）。

士の給与差によって社員の子どもたちが教育に関わる機会が著しく損なわれることがあってはならないという思いから，子どものいる社員に対し，給与とは別に様々な手当を支給している。奨学金の返済は求めていない。」

　事業変革の部では，新規事業を生み出す活動のうちプレス・リリースに至った件数を開示していますし，公益事業の部では，ベトナムでの社会貢献活動や被災地支援などの実績や投じた額を公表しています。筆者は，こうした指標の今後の成果に注目しています。

7-3　ユニリーバ・ジャパンのWell-being経営構成要因の分析

　ラックス，ダヴなどのパーソナルケアなどを扱う世界最大級の消費財メーカーであるユニリーバ・ジャパンも社員のWell-being優先の経営を志向している企業です。日本法人は1964年創業で，最近ではWell-being経営に関わる施策を実施しています。同社のWell-being経営の構成要因を示したのが図表1-12です。

　三谷産業で見たように経営理念とともに三つの視点，すなわち「社員への貢献」，「企業価値への貢献」，「社会への貢献」などの視点からユニリーバ・ジャパンのWell-being経営の実態とその生産性や社員のモチベーションへの効果を検討します。

(1) 経営理念
　同社の経営理念は「社員がよりいきいきと働き，健康で，それぞれのライフスタイルを継続して楽しみ，豊かな人生を送る」であり，まさに社員ファーストの考えが経営理念として表明されています。

(2) 社員への貢献
a) WAA（Work from Anywhere and Anytime）
　2016年から導入されたWAA，すなわち社員による働く場所と時間の自由選択制度の導入です。上司に申請すれば働く場所については理由を問わず，会社以外の場所でも勤務できます。現在，92％の社員が採用しているとのこと。残

図表1-12　ユニリーバ・ジャパンのWell-being経営構成要因

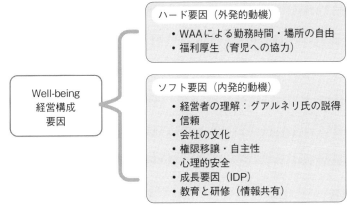

出所：主にやつづか（2019）の資料を参考に筆者作成。

業時間の制限も設けています。

　約3年前からの新型コロナウィルス感染症の影響により，在宅勤務が余儀なくされている企業が多くなりましたが，ユニリーバ・ジャパンは既に今から6年前の2016年からWAAを導入しています。WAA導入の経緯は2014年，世界各国の同社での勤務経験を経て日本に赴任した当時の社長グアルネリ氏が日本人の働き方に疑問を持ち，家族や自由時間の大切さを説いて回ったのが契機と言われています。業績向上と幸福度，自由度の向上の双方を上げる考えを持っていたグアルネリ社長の影響は大きく，その考えを基に取締役，人事総務部長がWAAを発案し，指導したとのことです。[12]

　こうした制度の導入には社員と経営幹部との信頼関係の存在が必須であり，双方の信頼関係の存在の中で部下への権限移譲も生まれ，同時に社員には信頼されているという心理的安心の中で自主的な行動・工夫が生まれます。同社には社長のいい影響とともに，信頼，権限移譲，心理的安全などの諸要因が，こうした制度を誕生させたと言えます。

b）インディビジュアル・ディベロップメント・プラン（IDP）

　2015年からの「インディビジュアル・ディベロップメント・プラン（IDP）」は，社員に「人生で何を成し遂げたいのか，人生の目的は何か。5年後・10年

後，自分は何をやっていたいか。それに向けて今何をするのかを一人ひとりに考えてもらう制度」です。会社の目標達成だけではなく，「人生で成し遂げたいこと」も明確にしたうえで，ディベロップメントのプランを立て，日々の業務に落とし込むものです。社員が自分らしい人生を送りながら成長をしていくことを目的とし，現在，力を入れている取り組みを考える制度とのことです。

この制度は先に見たWell-being経営の近年のルーツの一つである伊那食品塚越氏の「会社の成長は社員の成長と連動していること」という思想と同じと言えます。こうした施策は会社での行動を通じ自分自身が成長，そしてその結果としてWell-being状態を生むものとして評価できます。

(3) 企業価値への貢献 [13]

WAA実施者数は2016年導入3か月後88％，6か月後89％，10か月後91％で，どの程度の頻度でWAAを採用しているかは月に1〜2回が4割程度，週に1〜2回が2割程度です。

この制度の利用により社員の生産性やモチベーションほかにどのような変化をもたらしているのかの効果測定については，同社では社員に定期的にアンケート調査を行い，諸制度の社員への効果，そして会社全体の生産性への影響を社員本人の感覚値で測定することにしたとのことです。Well-beingの測定を感覚値で測ることは生の声を社員から聞けるという点でも有効な方法と言えます。

この制度の効果に関する会社全体の数字としては下記の通りです（図表1-13参照）。

- 「新しい働き方により，毎日が良くなった」という回答は67％の社員から，また「生産性が上がった」という回答は75％の社員から得ている。[14]
- WAA導入後，「労働時間が短くなった」と感じている社員が全体の4分の1，実際の残業時間も平均10〜15％削減。

また社員個別のアンケート調査に対する回答としては，下記の通りです。

- 「通勤ラッシュを避けて出社したり，仕事に集中できる時間を自分で選ぶこ

図表1-13　ユニリーバ・ジャパンのWell-being経営構成要因とその効果

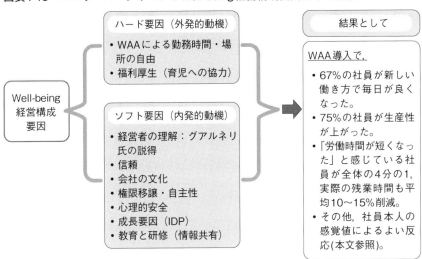

出所：主にやつづか（2019）の資料を参考に筆者作成。

とで，効率は上がりました。」

- 「WAAを行うことで，業務効率を落とすことなくむしろ向上させながら，家族と触れ合う時間を増やすことができ，特に子育てに対するコミットメントが強くなり，充実した生活を送ることが容易になった。」
- 「自律の責任は重くなったが，拘束感が減り気持ちに余裕ができたと思う。またプライベートのスケジュールの自由度が広がり，ライフワークバランスが充実した。」

　WAA導入の主導的役割を果たした島田氏は生産性評価に関して会社目線からの「アウトプットをインプットで割ったものが生産性」という考え方に疑問を持ち，「アウトプットを生み出すのに大きな役割を果たすインプットとは，社員自身であり，その社員自身がどんな気持ちや健康状態で仕事をしているのかといったことに，もっと注目すべき」という趣旨のことを述べています。こうした考えはWell-being経営の本質をついていると言えますし，「WAAを導入してからも業績は下がっていないのだから大成功」と断言している点[15]も見逃せません。

(4) 社会への貢献

　同社は2010年にユニバーサル・サステナブル・リビングプラン（USLP）を策定し，次のような成果を上げていることを開示しています[16]。

- 消費者の製品使用1回当たりの廃棄物量を32%削減しました。また，世界中のすべての工場で埋め立て廃棄物ゼロを達成しました。
- 自社工場からの温室効果ガスの排出量を50%削減しました。また，世界中のすべての工場で，電力系統から購入する電力を100%再生可能エネルギーに切り替えました。
- 加糖の茶飲料から砂糖を23%減らしました。また，食品ポートフォリオの56%が最も高い栄養基準を満たしています。
- 234万人の女性が，安全の向上，スキルの向上，機会の拡大を目的としたイニシアチブを利用できるようにしました。また，ジェンダーバランスのとれた職場を目指し，女性管理職比率が51%となりました。

(5) 情報開示

　上記の諸活動は同社のアニュアルレポート，HPなどの多様な媒体で開示されています。

7-4　イケア・ジャパンのWell-being経営構成要因の分析[17]

　1943年創業のスウェーデン発祥のイケア（IKEA）は現在，世界最大の家具小売業で，日本法人は2002年に再進出をしています。

(1) 企業理念

　同社のユニークな点は次に示したように会社全体の企業理念とともに，「人事理念」を設定し，社員の成長と利害関係者の快適な毎日を作り出すという企業理念とを連動させている点です。

- ビジネス理念「より快適な毎日を，より多くの方々に」
- 人事理念「真摯で前向きな方に，プロフェッショナルとして，人間として，

成長する機会を提供すること，そして社員全員が協力して，お客様は勿論自分たちのためにも，より快適な毎日を作り出すこと」

(2) 社員への貢献

a) Development talk

　　年に最低2回，マネジャーと社員とが1〜2時間，今後の個人と会社の成長について話し合う。

b) 自店舗の運営会議に積極的に参加することがパートタイマーとフルタイマーにかかわらず求められる。

c) Open Ikeaと呼ばれる社内公募に誰でも応募できる。この制度は空きポジションがあった場合，社内公募で世界中の空きポジションに応募できる制度。

d) フルタイムとパートタイムの区別を2014年から原則廃止。また両者の能力と成果が平等に評価される「同一労働・同一賃金」を実現させている。

　　福利厚生もすべてのコワーカーが共通であり，全員が正社員として無期雇用契約を結んでいます。すべてのコワーカーと，長期的な信頼関係を築くことが目的で，安心して長く働けるからこそ，様々なチャレンジを経て経験を積み，成長できるという考え方です。

e) グローバルな研修（国をまたいで研修），バックパッカー制度（1年に2か国を訪問し半年間のプロジェクトに参加）。

f) 有望な若手の早い段階からの採用。

(3) 企業価値への貢献

- サプライヤーとの関係構築が成長戦略の根幹

　　イケアの価値観を理解する優良なサプライヤーとのIWAYと呼ばれる指針での関係構築を目指すもの。IWAYはイケアの行動規範で法令順守，環境保護基準，基本的人権の尊重，労働環境の整備など，サプライヤーに特別な努力を強いるものはありません。逆にサプライヤーがイケアに期待する項目もあります。各サプライヤーと個人的な関係を構築し，その関係に基づいてサプライヤーの成長をサポートする役割も担っています。

　　このように同社は社員のみならずサプライヤーという重要な利害関係者の成長も視野に入れた活動をしています。サプライヤーのWell-beingの醸成を

図表1-14　イケア・ジャパンのWell-being経営構成要因とその効果

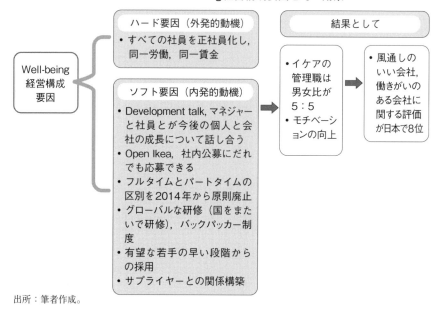

出所：筆者作成。

　実施している点はユニークであり，非常に効果的な対応と言えるでしょう。
- イケアの管理職は男女比が5：5であり，風通しのいい会社，働きがいのある会社に関する評価では日本で8位です。

(4) 社会への貢献
- IKEA Foundationは，貧困の中で暮らす家族がより良い生活を送り，気候変動に立ち向かうことを支援する助成金プログラムを提供しています。
- 貧困の中で暮らす家族に必要なのは，経済的な安定と健全な環境が必要という考えで，家族の所得状況を改善するための支援を提供し，互いに協力して地球を守るための取り組みを行っています。

(5) 情報開示
　アニュアルレポートほかでの開示を行っています。また「サステナビリティレポートFY21」と，気候変動への戦略と取り組みをまとめた「クライメートレポート」を，2022年6月に公開しています。

　図表1-14はイケア・ジャパンのWell-being経営の要因を体系化したものです。特に会社への貢献に関するエビデンスに関しては有用なデータが不足しており，今後の分析上の課題です。

7-5　ムーンファクトリーのWell-being経営構成要因の分析

(1) ムーンファクトリーの概要と経営理念

　社員46名のIT企業ムーンファクトリーのWell-being経営については，先に検討したユニリーバ・ジャパンやイケア・ジャパンの大手企業とは異なり，直接，同社のCEOであるU氏にインタビューする機会ができましたので，その内容を中心に前者のアプローチに沿ってWell-being経営の事例として検討します（図表1-15参照）。

　ムーンファクトリーはウェブサイトやアプリの制作を中心に，デザイン，システム構築，プロモーションなど，幅広い分野をサポートするITサービス提供会社で，1996年に創業，27年の歴史があります。IT分野の成長著しいベトナム・ホーチミンには2017年に進出，グローバルなデジタルトレンドの最先端を届ける体制を東京オフィスとともに作っています。

　同社CEOのU氏はWell-being経営との関連で同社の経営理念「ムーンファクトリーにかかわる，すべての人をしあわせにし，あまねく世界をしあわせにする」について次のように語っています。

　「会社の理念である『あまねく世界を幸せにする』為には，まずは自分たちが幸せでなければならないという考えが基本にあります。まずは社員の幸福，その家族の幸福，お客さま，パートナーさん，そしてその先へと，順番にまずは身近なところから幸せの波を届けていく存在としてムーンファクトリーはありたいと思っています。

　そして私たちはITのエキスパートでもあります。今日よりも少しだけ良い明日をITを使って私たちは作り出すことができます。日々私たちがそういう意識で仕事をすることで，この世界は少しずつ澄み渡っていくのです。世界が澄み渡って，誰もがしあわせだなと思える世界をムーンの社員みんなで作り出していきたい。そしてその喜びを，社員みんなで共有していきたい。そ

図表1-15　ムーンファクトリーのWell-being経営構成要因

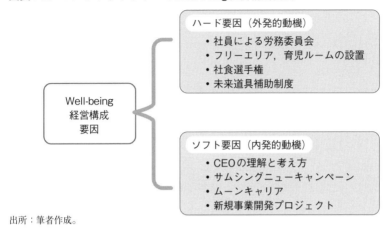

出所：筆者作成。

んな思いでこの会社を動かしています。」

(2) 社員への貢献

a) 夏のサムシングニューキャンペーン

　毎年夏休み前に，何か自分にとっての新しいチャレンジを一つ決めて実行するキャンペーン。エントリーした社員にはAmazonギフト券を1万円分プレゼント。キャンペーン終了後に，どんなチャレンジをしたかを朝のミーティング時に発表するもの。社員の成長を促す試みと言え，それが本業へのアイディアやモチベーションアップにつながると言えます。

b) 社員持ち回りでの「労務管理委員会」の設置

　社員持ち回りで「労務管理委員会」を設置し，社員の目線で働きやすい規定を策定し運用するようにしています。これによって会社からの一方的な指導ではなく，自発的にどのような仕組みがベストなのかを社員同士で考え，それを実践するという良い循環が生まれているとのことです。

c) 育児ルームの設置

　働くお母さんが多いこともあり（社員の男女比率5：5），オフィスの中に育

児ルームを設けています。子供連れで出社した時はこの部屋で子供と一緒に仕事ができる環境を整えています。共働きの夫婦が多くなる中，また保育園への入園が難しい状況やたとえ入園していたとしても何らかの都合で子供と会社に一緒に行き，可能な範囲で子供をケアしながら仕事ができる環境を整備している点は社員にとって，非常に好ましい環境です。

d）フリーエリア

ランチタイムや休息時間にリラックスできるフリーエリアが数か所準備されています。

e）社食選手権

立派な社員食堂は作れないかわりに，ユニークなインスタント食品支給の制度があります。定期的に社員が投票を行い，人気のあったものを入れ替えて支給するという制度。大企業のように立派な食堂を作る代わりに，こうした小さな工夫をしている点も社員にはうれしいことです。

（3）会社と社員の成長への貢献

この点に関しては直接ムーンファクトリーのCEOに「創造力発揮の工夫などの面での具体的な施策など」について直接お聞きすることができた。下記がその施策に関するCEOからの回答内容です。

a）ムーンキャリア

ムーンファクトリー独自のキャリアアップ制度で，New Moon からスタートし，それぞれのクラス毎に求められるスキルと目標が設定されます。毎年4月に社員は自分のクラスに応じた「キャリアシート」を提出し，それぞれに具体的なゴールを設定してその到達度を年度末に確認します。同社のこの制度は社員に成長を求めながら会社への貢献を目指す制度とも言えます。

b）未来道具補助制度

「新しい発想や技術に常に興味を持ち，それらを率先して使ってみることで常に一歩先をいく人になること」を目的として，全社員を対象に個人で購入す

る電子機器やソフトウェアなど（例えばPC，タブレット，Apple Watch，スマホ，ゲーム機，VR/AR関連製品など）の購入時に，金額の3分の1を会社が補助する制度。最新の技術に日常から触れることの大切さをこれで説いています。

c）新規事業開発プロジェクト

「将来のムーンファクトリーの姿はスタッフ全員が参加しながら創っていくもの」という考えの基に，将来的な成長が見込めるプロジェクトを全社を挙げて支援しムーンファクトリーを新たな成長軌道に載せていくことを目的として，Newビジネスのアイディアのプレゼンテーションを全社員から定期的に実施。「こんな仕事をしたい」「この分野に挑戦したい」「ITを使った地域振興をしたい」「日本の文化を世界に広めたい」……など，今の事業にとらわれない自由な発想で毎回面白いアイディアが出てきているとのことです。現在は三つのプロジェクトが進行中。

こうした施策も社員に夢の実現と成長を促す施策と言えます。

（4）社会への貢献

a）他組織との連携（NPO，財団などとのコラボ，プロボノ）

ムーンファクトリーのCEOが関わり運営をしているいくつかのNPO，例えば18歳までの子供のヘルプラインである「チャイルドライン」や，病児を持つ家族を支援する「キープ・ママ・スマイリング」などのNPO団体を日常的にサポートし，社員にも数多くある社会問題への気づきを促し，またそれらに対する支援を行っています。

また，東日本大震災の復興支援は現在も引き続き現地の人々と続いており，ほかにも全国社会福祉協議会の「広がれボランティアの輪」に所属するNPO，NGO，財団の人々へのプロボノ活動など，社会支援については意識することなく日常の中で実践しているとのことです。

b）SDGsについて

この点については同社CEOは次のように語っています。

「あえて我が社からはSDGsに準じた活動を大々的に表に出すことはしていないが，社内スタッフにはSDGsの本質は何かということの指導はしています。SDGsがあるから世の中のために良いことをするのでなく，あくまでもSDGsは今まで私たちがやってきたことに付加された新たな指針なのだという意識。私の願いは，まず一番の根底に「人権」と「多様性の尊重」の二つをしっかりと持ってもらい，それを基本として自主的に社会貢献ができる人になってもらいたいということです。」

8 おわりに

本節で事例として検討した4社（三谷産業，ユニリーバ・ジャパン，イケア・ジャパン，ムーンファクトリー）は業種，規模が異なりますが，Well-being経営の共通項について分かったこと，そして今後Well-being経営を志向する多くの企業への示唆を以下，まとめてみます。

1．Company Well-being指標を設定し，時系列的に評価している事例もあり，今後のWell-being経営の在り方の一つとして有用なものです。現段階では測定が不十分な状況もありますが，他社も参考にすべき試みです。
2．Well-being経営を構成する要因は，ハード要因とソフト要因に便宜上分類できますが，ソフト要因における各社の工夫が他社との差別的要因になりうるとともに，自社の評判や無形価値を向上させる要因にもなります。
3．ソフト要因については，ここで取り上げた事例では社員の成長，特に人間としての成長を期待している会社，そして社員のみならずサプライヤーの成長をも期待している会社もありました。こうした試みは本書では触れませんでしたが，実は長野の伊那食品の経営理念や経営者である塚越寛氏の経営哲学と共通する点があります。人を大切にし，幸せ感を大切にする経営者は中堅企業にもあり，それが最近，Well-being経営という表現で言われているだけなのです。
4．ソフト要因のうち，社員の自発的言動と自由な発想についても促進されていました。これは社員のモチベーション向上および今後の商品やサービスの

イノベーション開発に結びつくことが考えられます。

5．Well-being経営の効果測定について，社員本人の感覚値を重視するという事例があり，生の声を社員から聞けるという点で，言い換えれば生産性を上げる主人公としての社員の心の状態を重視し，それを確認しようとしている点で重要な指標です。

　本章ではリスクマネジメントの目的や機能について，その成果をモノや損失などの有形なものにのみ求めるのは短期的すぎ，人的資産，特に社員の心，社員とほかの利害関係者との関係性の向上にも目配りをすることを最初に検討しました。そしてグローバル・ビジネスにおける重要視点としての異文化理解の重要性，台湾，ベトナム，日本における国民文化の違いに関する実態調査比較について検討し，目に見えない異文化に関する理論と実態とがかなり類似している点も確認できました。最後に，異文化リスクマネジメントを踏まえたWell-being経営とその事例についても大手のみならず中堅・中小企業についても検討してきました。今後は社員を中心として，ステークホルダー全体に目配りできる企業や経営者が注目を浴びていくでしょう。

[注記]

1）　前野ほか（2018）；前野（2019）；近藤宣之（2020）『中小企業の新幸福経営』日本経営合理化協会出版局；本田幸大（2021）『幸せな会社の作り方』扶桑社；上田編著（2021）。

2）　物理学者アインシュタインが精神分析の創始者フロイトにあてた手紙（公開往復書簡）の書籍。アインシュタイン・フロイト（2016）。

3）　アインシュタイン・フロイト（2016）pp.21-55を参考に，筆者がまとめたもの。

4）　本章の3，4の検討は，上田ほか（2022）第1章および第2章を参考にしている。

5）　この事例は下記資料ほかを参考にしている。日本経済新聞，2020年7月27日；東洋経済オンライン（https://toyokeizai.net/articles/-/372926?page=3）。

6）　上田（2019）pp.11-21。

7）　エドモンドソン（2021）。

8）　働き方，休み方改善ポータルサイト参照。

9）　金沢の商社，定年退職を事実上廃止へ2度目の退職金も：朝日新聞デジタル（asahi. com）参照。

10）朝日新聞夕刊，2022年5月23日参照。

11）SDGs・ESGではない独自指標を掲げる，北陸の良い会社 - coki。

12）やつづか（2019）p.35参照。

13）ここでの検討は主に注記5の資料を参考にしている。

14）この測定法は「WAA導入前を50とした時に，今のあなたの生産性は0～100のどこですか？数字を入れてください」という質問をして，その結果50よりも大きい値を回答した人が75%。平均は66で，これを50で割って30%生産性が上がったと解釈しているとのこと。

15）やつづか（2019）pp.37-38参照。

16）「ユニリーバ・サステナブル・リビング・プラン10年の進捗」Unilever。

17）加護野ほか（2014）第2章参照。

[参考文献]

アインシュタイン，A.・フロイト，S. 著，浅見昇吾訳（2016）『ひとはなぜ戦争をするのか』講談社学術文庫。

上田和勇（2014）『企業倫理リスクのマネジメント―ソフト・コントロールによる倫理力と持続性の向上―』同文舘出版。

上田和勇（2019）「ビジネスにおける異文化リスクのマネジメント―ASEANにおける日本企業の経営リスクマネジメントの在り方―」『専修ビジネス・レビュー』Vol.14，No.1，pp.11-21。

上田和勇（2020）「リスクのグローバル化とリスクマネジメント―ビジネス文化の国際比較とリスクマネジメントの方向性―」『危険と管理』第51巻，pp.1-20。

上田和勇（2021）「ソフト・コントロールによる異文化リスクのマネジメント―国民の文化特性とアンケート調査との比較分析を中心に―」上田和勇編著『ビジネスにおける異文化リスクのマネジメント』第1章，pp.1-33，白桃書房。

上田和勇編著（2021）『復元力と幸福経営を生むリスクマネジメント』同文舘出版。

上田和勇編著（2023）『リスクマネジメント視点のグローバル経営―日本とアジアの関係から―』同文舘出版。

上田和勇・小林守・田畠真弓・池部亮編著（2022）『わかりあえる経営力＝異文化マネジメントを学ぶ』同文舘出版。

エドモンドソン，エイミー. C. 著，野津智子訳（2014）『チームが機能するとはどういうことか』英治出版。

エドモンドソン，エイミー. C.著，野津智子訳，村瀬俊朗解説（2021）『恐れのない組織―「心理的安全性」が学習・イノベーション・成長をもたらす―』英治出版。

加護野忠男・山田幸三・長本英杜編著（2014）『スウェーデン流グローバル成長戦略―「分かち合い」の精神に学ぶ―』中央経済社。

潜同文子（2003）「知識労働者の時代における企業の経営戦略としてのフローの意義」，今村浩明・浅川希洋志編『フロー理論の展開』第5章，世界思想社。

チクセントミハイ，M.著，大森弘監訳（2008）『フロー体験とグッドビジネス―仕事と生きがい―』世界思想社。

ホフステード，G.・G. J. ホフステード・M. ミンコフ著，岩井八郎・岩井紀子訳（2013）『多

文化世界—違いを学び未来への道を探る 原書第3版』有斐閣。

前野隆司（2019）『幸せな職場の経営学—「働きたくてたまらないチーム」の作り方—』小
　学館。

前野隆司・小森谷浩志・天外伺朗（2018）『幸福学×経営学—次世代日本型組織が世界を変
　える—』内外出版社。

宮森千嘉子・宮林隆吉（2019）『経営戦略としての異文化適応力—ホフステードの6次元モデ
　ル実践的活用法—』日本能率協会マネジメントセンター。

やつづかえり（2019）『本気で社員を幸せにする会社—「あたらしい働き方」12のお手本—』
　日本実業出版社。

[資料]

働き方，休み方改善ポータルサイト（https://work-holiday.mhlw.go.jp）。

木村裕明「金沢の商社，定年退職を事実上廃止へ 2度目の退職金も」2021年2月2日，朝日
　新聞デジタル（asahi.com）。

朝日新聞夕刊，2022年5月23日。

日本経済新聞，2020年7月27日。

さかいともみ『台湾進出「崎陽軒シウマイ弁当」なぜほかほか？』2020年9月30日，東洋経
　済オンライン（https://toyokeizai.net/articles/-/372926?page=3）。

「SDGs・ESGではない独自指標を掲げる，北陸の良い会社」2022年8月10日，coki（https://
　coki.jp/sustainable/public-interest-capitalism/20602/）。

「ユニリーバ・サステナブル・リビング・プラン10年の進捗」2020年5月6日，Unilever（https://
　www.unilever.co.jp/news/press-releases/2020/unilever-celebrates-10-years-of-the-
　sustainable-living-plan/）。

第2章●
日本企業の海外建設プロジェクトと 「異文化の壁」
―ビジネス小説家が見た実在のプロジェクトにおける異文化問題[1]―

1 はじめに

　戦後の代表的なビジネス小説に描かれた日本企業による海外建設プロジェクトにおいて，日本企業は現場においてどのような異文化の壁に直面したのでしょうか。作家の目を通して，当時の日本人の驚きと対応を見ていきます。こうしたビジネス小説を通じて，感情移入しながら不慣れな海外でのビジネス問題にどう対処して行けば良いのか，鋭いビジネス小説家が題材として取り上げ綿密な調査を基に書き上げたビジネス小説の指摘する問題点は，不可逆的なグローバル化の流れの中に生きる現代日本のビジネスマンへの教訓となるでしょう。

　一般に小説で語られる物語は事実そのものではありません。中にはノンフクションに近い小説もあり，登場する人物や団体を実在の実名で記していますが，多くの小説では登場人物の個性がデフォルメされ，それら人物をめぐる個人的な背景は読者の興味を引くような形で「設定」されています。ただし，いわゆるビジネス小説は一般の文学的な小説に比べて，実在の人物・団体を取材して書かれているため，実在の人物を一人の登場人物としてあるいは，その逆として登場させていることはあるものの，概ね実際にあったことを基に書かれています。また，その人物を取り巻く時代的背景，関係する場所，関係する事象は，現実に起こったことの中に作者が世に問いたい側面を取り上げてフォーカスして，物語化を行っています。

　本章で取り上げるビジネス小説は，実際に日本企業が海外で実施した建設プロジェクトを舞台にした作品です。これらのプロジェクトは当時の国家的重要プロジェクトに類するものであり，建設する過程で起こった様々な状況はメディアに同時並行的に報道されています。プロジェクトで建設された設備は今で

47

図表2-1　本章で取り上げる建設プロジェクトの概要

作品／時代 （作者）	対象国・地域 （プロジェクト内容）	モデルとなった 日本企業	発注者／現地関係者
香港の水 ／1960年代 （本木正次）	香港（上水道施設の 設計施工）	江商（現・兼松）， 西松建設，熊谷組	英国・香港政府／英国・香港の 建設コンサルタント会社，香港 地場の下請け建設会社
大地の子 ／1980年代 （山崎豊子）	中国（製鉄プラント 建設の技術協力）	新日鉄（現・日本 製鉄）	中国政府／中国国営製鉄会社
路（ルウ） ／2000年代 （吉田修一）	台湾（高速鉄道建設）	総合商社を中心と する日本企業連合 ・JR	台湾政府／台湾高速鉄道／欧州企 業連合

出所：筆者作成。

も稼働し，それぞれの国の産業や人々の生活に裨益（ひえき）しています。この意味でも
プロジェクトを考える経営学的な視点で読み解くことに適した作品に属すると
考えます。

　作品と実際のプロジェクトは図表2-1の通りです。日本の大手ゼネコン（総合
建設会社）が設計・施工を受注した香港での上水道施設建設（1960年代），日
本の最大手製鉄会社が受注した中国・上海での製鉄プラント建設（1980年代），
総合商社・鉄道会社など日本企業連合が受注した台湾での高速鉄道建設（2000
年代）であります。

　それぞれがノンフィクション的なビジネス小説として，本木正次（単行本版
1991年刊）『香港の水』，山崎豊子（単行本版1991年刊）『大地の子』，吉田修一
（単行本版2012年刊）『路（ルウ）』のタイトルで世に発表されました。その中
にはその後テレビドラマ化されたものもあります。いずれも社会的にも大きな
反響を呼んだ作品です。なお，このうち特に，本木正次は小説『黒部の太陽』
で富山県の黒部第三発電所建設を舞台としたビジネス小説を発表しており，建
設プロジェクトを題材としたビジネス小説の名手です。

　これらのノンフィクション的なビジネス小説の名手たる作家が感じ取った異
文化的ビジネスリスクとは一体何だったのか，本章では検討していきます。

2 作品の概要

2-1　木本正次『香港の水』（1991年刊）

　『黒部の太陽』（1992年刊）は困難なプロジェクトに挑む男たちの壮絶な仕事ぶりを描いた本木正次の作品です[2]。『香港の水』も困難な建設プロジェクトに挑戦する日本企業戦士たる技術者を描いています。国内の秘境，黒部渓谷では水力発電所建設（黒部第四発電所建設）を舞台とした『黒部の太陽』が技術者同士の絆や家庭を守る妻子の心情を背景に描いているのに対し，海外プロジェクトが舞台である『香港の水』は戦後の反日感情がまだ覚めやらぬ香港で日本企業と発注者である香港政庁（英国政府）が指名する英国コンサルタント企業（日本企業の設計施工の監督者），香港企業（日本企業の協力企業，いわゆる下請け企業）との間に生じる葛藤と発注者・管理者である英国側の仕事の進め方の違いに戸惑う関係者の葛藤を描いています。これに実際にあったとされる主人公の日本人技術責任者と香港女性の間の悲恋を絡めてドラマチックな幕切れに導いている小説です。この意味でビジネス小説でもあり，恋愛小説でもあります。

　『香港の水』は1950年代の，第二次世界大戦で直接旧日本軍が約4年半以上軍政を行った英国領の香港で挑んだ[3]，実在の大規模建設プロジェクトを舞台にしています。技術者たちは二つの異文化に直面します。英国流の仕事の仕方を求める英国コンサルタントと，香港現地流の仕事の仕方でなくては働けないと暗に要求する香港の下請け企業との異文化の問題です。そこには戦時中の日本の所業に対する怨念も関係しています。

　こうした「逆風」にさらされる中で，現地に派遣されている日本建設企業の技術者は，日本国内での仕事の仕方の成功体験が通じないことに誇りを傷つけられ，いら立ちを覚えます。しかし，次第に日本人技術の中に日本を相対化，すなわち現地流を一定程度受け入れることによって仕事をやり遂げる者が現れ，最終成果までこぎ着けます。「相対化」とは現地のやり方を理解し，それを受け入れることです。何人かの日本側技術者が自分なりの「相対化」をします。ある技術者は戦前・戦中と中国大陸で仕事をした経験から，中国人の考え方とその行動様式に親近感を抱くことによって，中国人（香港人）のやり方を受け入

—香港島はかつて九龍半島（対岸）を通じて中国大陸から水を調達していた—

出所：筆者撮影。

れながら仕事を進めますし，またある技術者は西欧合理的な観点から，中国流がある種それに近いことを発見し，肯定的にそれを取り入れて仕事を効率化させます。そして，逆にこれまで信じてきた「日本流」の理不尽さにすら気づいていくのです。

2-2　山崎豊子『大地の子』（1991年）

　『大地の子』は『白い巨塔』，『二つの祖国』など社会の矛盾と人間の運命や葛藤を鋭くえぐり出した社会派小説の名手，山崎豊子の代表作の一つです。

　1987年5月から1991年4月まで『文藝春秋』に連載された作品です。戦前に満蒙開拓団として，長野県の寒村から中国東北部に渡った家族が戦争末期のソ連軍の侵入による避難途中で離ればなれになり，生き残ったいわゆる中国残留孤児の少年が奇跡的にも人柄の良い中国人家庭に育てられ，鉄鋼技術者になります。生き残って日本に帰国し，偶然にも製鉄プラント建設プロジェクトの日本側の現場責任者となっていた，生き別れの父親と対峙する物語です。

山崎豊子の300件にも上る現地インタビューによると，こうした日本人残留孤児は極めてまれで，大抵はろくろく教育も受けさせてもらえず中国人家庭（主に農家）の労働力として働かされたり，女性であれば中国人の妻として結婚させられたりするケースが多かったと言います。当時，小学生の主人公も「労働力として売却されそうになっていた」ところを子供のいない小学校教師家庭の養父母に助けられました。きちんとした教育を受けさせてもらえ，本人も優秀で，重点大学で鉄鋼技術を学び，大学卒業後は鉄鋼部門に配属されます。本来は優秀なエリート技術者として遇されるはずですが，何かにつけ，その出自が「日本人である」ということで，その実力に相応するポストにはつけないという不遇をかこちます。また，文化大革命で批判され，強制収容所に送り込まれて重労働をさせられたり，濡れ衣の罪で辺地の忘れ去られた鉄鋼製品製造所に飛ばされたりします。

　こうした苦難の中で，なおのこと彼は「中国人として中国のために人生を送ろう」と決意し，後年，日本からの技術協力の下，上海の臨海に建設することになった大規模製鉄所建設プロジェクトの技術者として抜擢された時に，日本側に強硬な交渉者として振る舞うのです。プロジェクト進行中に日本側の東洋製鉄（当時の新日本製鐵がモデル）との交渉では一歩も引かず，日本側に強硬な要求をします。

　運命的に日本側の現場責任者として日本から派遣されていた実父との交渉上の対立，協力といった作業を通じて，やがてお互いが親子であることが分かるのです。製鉄所が様々な紆余曲折を経て完成した時に実父は日本への帰還を勧めますが，主人公は苦悩の末，「私はこの中国の大地の子です」と言って，中国にいる養父母とともに中国に残ることを決意するというストーリーです。

　解説者の清原康正によると，連載期間，取材期間を含めると8年がかりの大作であり，「日中戦争，文化大革命，日中国交正常化，日中共同の製鉄所建設プロジェクトと，中国共産党上層部の政権抗争に翻弄される人々の運命を描いた大河小説」と表現しています。この小説の中のプロジェクトモデルとなったのは上海宝山製鉄所建設プロジェクトです。これは中国政府が日本企業から技術とプラントを輸入し，最新鋭の製鉄所を上海に建設するという中国の当時の最大級の国家プロジェクトです。実際に新日本製鐵（現・日本製鉄）の全面的協力の下で，輸入鉄鉱石を使用する臨海製鉄所が上海に建設されました。1978

年12月に着工し，現在，中国の主力製鉄所として発展しています。このプロジェクトは1985年9月に製鉄所の1号高炉に火入れ，1991年6月に2号高炉に火入れ，そして1994年9月に3号高炉に火入れが行われ，全体像が完成しています。

このプロジェクトは1977年に新日本製鐵会長で経団連会長でもあった稲山嘉寛氏[5]が訪中した際，中国の李先念副主席[6]から直接協力要請があり，さらに1978年，当時の最高実力者，鄧小平副首相[7]が新日本製鐵の当時の最新性製鉄所である君津製鉄所を視察したことによる日中のトップレベルの合意でスタートした国家間の政治的プロジェクトです。日中双方にとって絶対に失敗が許されないものでありました[8]。

行き過ぎた社会主義により疲弊した1960年代から1970年代の混乱を終えた1980年代の中国は西側諸国との関係改善によって経済建設を進める改革開放政策を推し進め，日中関係も大幅に改善しました。現在に至るまでこれほど日中関係が良かった時代はないと言って良いでしょう。これによりビジネスや経済での交流にとどまらず，庶民レベルにまで及んだ戦後処理が積極的に行われました。中国残留孤児の日本への帰還問題もその一つです。

この作品は多くの現地取材から得た様々な残留孤児の人生を基に，残留孤児として差別を受けつつ育ちながらも，養父母の愛情に支えられ，優秀な技術者として中国の経済建設に携わる主人公の，実父との再会の人間ドラマを中心に，中国の改革開放政策における社会主義中国内部の権力闘争，中国人の日本人に対する歴史的怨念などを織り交ぜて，壮大な物語に仕立てています。それだけにこの作品には様々な要素が含まれており，解説者の清原康正は「この『大地の子』は社会派小説，告発小説，国際ビジネス小説，恋愛小説，家庭小説，日中の庶民像を描いた市井小説でもあるのだ。読者はそれぞれに関心のあるジャンルからアプローチしていくうち，日中問題について考えさせられることだろう」と述べています[9]。実際にあった実例を壮大な物語に構築した作品であり，作者の山崎豊子をして「現代中国を背景にした『大地の子』のような作品は，私の生涯で二度と書けない作品である」と言わしめたものです。執筆当時の中国指導者で「改革開放の実行者」と言われた胡耀邦共産党総書記[10]の支持を奇跡的に得られて，取材が実現して書かれた作品であるからです。当時，外国人が訪問することが許されていなかった内陸の農村部への訪問など300件以上のインタビューを行ったということです。

　なお，中国の宝山製鉄所建設を含めた中国の製鉄所建設プロジェクトに関わった新日本鋼鐵をモデルにした小説には，ほかに佐木隆三『冷えた鋼鉄』（1981年刊）があります[11]。

2-3　吉田修一『路（ルウ）』（2012年刊）

　この作品の時代的な舞台は21世紀に入ったばかりの2000年代です。実在の台湾高速鉄道プロジェクトをモデルに，それをめぐる人間関係を架空の人物の恋愛物語に仕立てています。当時，日本の機械メーカーで問題となっていた海外大型機械プロジェクト案件における日本勢の劣勢の中で，数少ない成功事例とされた台湾高速鉄道（台湾版新幹線）プロジェクトです。それを舞台に日本人，台湾人，欧州人の間の考え方の違いを技術者，商社マン，医師，台湾出身で日本で活躍する建築士，台湾出身日本人，台湾の少数民族などの人間関係を描いた作品です。

　物語は高速鉄道プロジェクトで日本企業連合を率いる総合商社の日本本社からの派遣スタッフである女性と，日本の建築事務所で活躍する台湾人青年の出会いから婚約に至る過程を，プロジェクトの進捗と並行させながら描いています。これが現代の日台関係を象徴する人間関係です。これにもう一つの人間関係を配置します。それは戦前，旧日本統治下にあった台湾で生まれ，教育を受けた日本人技術者と同級生の旧友であった台湾人医師の人間関係です。これは日本統治下の台湾での人間関係です。これに加えて，技術やビジネスの手法で対立する日本人技術者とフランス人管理者，それを第三の視点から見ながら台湾の国益を最大化しようとする台湾人管理者の人間関係を配し，文化的価値観の相違によるコンフリクトと，それでも相互理解の方向へと努力しようとする人間たちの営みを時系列に物語として織り進めていきます。このプロジェクトの前後には日本の阪神淡路大震災（1995年）や東日本大震災（2011年）があり，その際の台湾からの大きな支援に日本人の多くが台湾に対して感謝と友情を感じていたという日本と台湾の良好な関係があります。このため，この小説は2021年にNHKでテレビドラマ化されましたが，日本社会に醸成された親台湾の雰囲気を反映したドラマ化となり，2010年代には経営不振に陥った名門日

図表2-3 台湾の少数民族の踊り

―日本統治時代に教育を受けた世代の少数民族は日本語を流暢に話す―

出所：筆者撮影。

本家電メーカーや地方銀行が台湾メーカーに買収されましたが，これに対して
台湾資本を警戒する世論が起きなかったのはこうした日本社会の雰囲気を背景
としていると思われます。

3 仕事の慣習としての異文化

3-1 『香港の水』―日本企業にとっての「契約」と英国企業に とっての「契約」

　『香港の水』は英国政府，香港政府の対応，中国人（香港人）の仕事の仕方，
英国人の仕事の仕方が問題になっています。これに太平洋戦争中の旧日本軍の
統治に対する反感が影響して，日本企業は難しい状況に直面していることが描
かれています。日本側で香港人を理解できるのは技術者の数名です。一人は戦
前から中国大陸で仕事をしてきた技術者です。長年の中国人との付き合いから

その思考様式を理解し，良いところも良くないところも分かったうえで好意的
に理解できています。すなわち，中国のビジネス文化を十分に理解している技
術者です。もう一人は意外なことに欧米合理主義に近い考え方をする技術者，
西松建設の三谷です。日本の建設業界の「常識」にまで切り込んで，その欠点
まで指摘します。三谷は次のように言います。

　　「一体に日本の契約は甘い—と三谷は思った。それは上の方，つまり施工主
　である政庁—コンサルタントとの契約が甘いばかりではなく，下の方，下請
　けや労働者との契約も甘く，大ざっぱなのである。[12)]」

　　「上の方—英国政庁やコンサルタントは極めてきめの細かい態度できている
　のに，日本の会社は上とも下とも粗雑な契約で済ませている。そこに誤算が
　あるのではないか—と三谷は思った。[13)]」

　三谷の指摘する日本の会社の「粗雑な契約」とは入札時に大体の見積もり（腹
の見積もり）のままで価格提案を行い，あとは価格内でなんとか仕上げるという
姿勢について言っているのです。これに対して欧米企業の価格の見積もりとは
すべてがうまくいった時にのみ可能なギリギリの数字であり，したがって日本
の会社の見積もりよりも安くなり，価格競争に勝って受注しやすいのです。し
かし，受注してから，徹底的に契約書の文言を詰め，工事開始後に発注者側が
様々な要求を持ち出してきた時に，たとえそれが些細なものであっても，元々
の契約に含まれていないものとして金額の増額を交渉するという手法です。こ
のため，腕の良い弁護士を常に雇っています。欧米企業は受注した工事は必ず
黒字にするという姿勢です。工事開始後にも交渉は続くという前提で仕事を行
っています。

　これに対し，日本企業はいったん決められた契約が定額の請負契約などであ
れば，その金額を所与のものとして，追加や変更の要求を発注者側が持ち出し
た際には自社ならびに下請け会社にその無理を吸収させようとします。その論
理は，ここで身を切る対応しておけば発注者がそれを配慮して次の契約の時も
発注してくれると考えてくれるだろうという甘い希望的観測です。今回の工事
で被った赤字は，次に発注してくれた工事で取り返そうという考えです。この

ような浪花節的なビジネス関係は日本でのみ可能でしょうが，国際ビジネスの世界では全くナンセンスです。受注した工事はそれ自体，単体として黒字にならなければなりません。黒字にならないビジネスは意味がないと考えるべきなのです。三谷は欧米企業の工事受注戦略にこのようなビジネス思想を感じ，それを日本企業も見習うべきであるとするのです。

　発注者の情けにすがるような日本的ビジネス思想は，若い三谷にとっては時代遅れであると考えています。また，契約書をきちんと読まない，真剣に契約書の文言について対策を検討していないのも日本企業の悪い仕事の慣習です。「問題が起こったら腹を割って話し合えば分かってくれる」というのでは，国際ビジネスでは通用しないのです[14]。

　しかし，欧米流がすべて正しく，学ぶべきものだけに満ちている訳でもありませんでした。監督を請け負った英国コンサルタント企業側にもプロフェッショナル意識にかけた人間がおり，合理的な行動をするわけではありません。明らかに「英国本国から植民地・香港に稼ぎに来ただけ」という態度で，施工を請け負ったり，日本企業の技術者に明らかに無駄で非効率な仕事をふっかける人間もいました。このように植民地である香港を下に見て，「金さえ稼いで帰国できれば良い」というプロフェッショナルとして何ら使命感がない英国人に対しては，技術者としての矜持と使命感に燃える日本の技術者が仕事上で対立することは避けられないのです。

3-2　『大地の子』─進んだ「日本流」だからといって相手が納得する訳ではない

　『大地の子』では，日本側は供給する建設機材・部品における些細な傷を「その程度は国際的にも許容範囲で機能に問題ない」と「合理的」な説明をするのですが，中国側は「完全なものを供給しないのは我々を下に見ているのではないか」とか「貴重な外貨を使った最重要の国家プロジェクトであることをわかっていない，誠実ではない，友好的ではない」などと反駁します。日本側は「豊富な経験値に裏づけられて，国際水準の技術を持っている自分たちの言うことを聞けば大丈夫」と思っているが，中国側は「（中国共産）党と政府に注目されているプロジェクトであり，少しでも国内で問題にされる余地を許せば，自分

の立場が危ない」,「戦争で中国を侵略した日本側に譲歩すれば愛国的でないと
され,自分の立場が危ない」という立場でビジネスをしているため,常に強硬
な態度に出てきます。日本側はこうした「将来,政治化され,自分の自己批判
や更迭に結びつく芽は摘み取りたい」という社会主義における中国人の心情を
理解することはできません。「中国人は無理難題を言ってくる。日本人に対する
嫌がらせだ」という理解で止まっています。「技術的に遅れているのだから自分
たちの意見に素直に従えばいいんだ」といったような傲慢な気持ちもどこかに
持っています。このためビジネス現場で対立が頻発する場面が多く描かれてい
ます。少々長いですが,以下のように引用したいと思います。

　「梱包の山を囲み,頑丈な木箱を手早く開けると,中方（中国側）の工人た
　ちは,一箱に入っているアンカー・ボルトを一本,一本数え始めた。パッケ
　ージリストに一箱六十本入りと記入されていれば,それに見合った重量を量
　ってチェックするだけでパスすると考えている日方（日本側）はあっけにと
　られた。アンカー・ボルトと一口に言っても大きいものは五,六メートル,小
　さなものは二,三十センチと用途に合わせてさまざまで膨大な量に及ぶ。それ
　をこの調子で,一本一本数えられるのかと思うと,気が遠くなる。[15]」

　「突然,開梱検査の輪の中から軍服を着た工程兵が声を上げた。……（中
　略）……『ボルトのネジ山が一ミリ深い,仕様書と違っているぞ』……（中
　略）……『確かにこのネジ山は一ミリ深い,不良品だ！』工人たちは騒ぎ立
　てた。[16]」

　「ご指摘の通り,ネジ山は一ミリ深いが機能的には全く差し支えません。日
　本ではいつもこの程度の物は問題なく使っています。[17]」

　「（工程兵は）『われわれはこれを欠陥品として絶対,受け入れられない。こ
　れを送りつけてくる日方の非友好的行為を断じる』演説をぶつようにいった。[18]」

3-3 『路（ルウ）』―日本流の「スケジュール」と台湾流の「スケジュール」

『路（ルウ）』では実際にプロジェクトが始まって，日本側メンバーが痛感したのは，台湾では仕事の進め方が日本とは大きく異なっていることでありました。例えば，大型プロジェクトは得てしてスケジュールのコントロールが最も難しいのですが，このプロジェクトは当初のスケジュールから次第に遅れていったのです。安西（日本側商社の主任技術者―筆者注）は日本本社から派遣されて来た若い女性社員，春香（主人公―筆者注）に以下のように愚痴ります。

　「とにかく日本側の電力システム自体は完成しているんだよ。でも肝心の（台湾側の）供給元からの電力が足りないんだ。考えられるか？スケジュールはきちんと出しているのに，その日は別の場所に送電するから無理とかさ。何のためにこっちは細かいスケジュール作ったと思ってんだよな？[19]」

台湾側ではそれぞれの関係者の連携が必ずしもできていないこともしばしばであり，それが日本側をいらだたせました。また，スケジュールの遅れに対する緻密な情報をその都度プレスにリリースするよりも，スケジュールのマイルストーン，例えば試運転予定日などもそれが確実になってから，直前に発表するといった具合でした。安西にとっては，これはゆゆしき事態であり，「台湾側はやる気があるのか」という気持ちです。しかし，作者はこの典型的な日本的職人意識を批判して，こう書くのです。

　「何を始めるにしても初めの一歩がここ台湾と日本では違うということに安西は気づいていない。いや，気づいているかもしれないが身についた習性をどう変えればいいのかわからないのだ。例えば，スケジュールというものが予定通りには進まないと認識している人と，予定通り進むからスケジュールだと考えている人の違いはそう簡単に埋められない。日本人からすれば，スケジュールが予定通り進むということは，石を落とせば地面に落ちるというくらい当然なのだが，台湾ではスケジュールが予定通り進まないということの方がそれと同じくらいに当然なのだ。[20]」

　ただ，同じプロジェクトを成功するために苦労をともにしているというシンパシーはどこかで感じています。対立していても完全な憎しみを持っていないところが技術者同士の心意気と言うべきでありましょうか。これが文化の壁を乗り越えるかすがいとなっていることに作者は着目します。国地域毎の文化は違っていても技術者同士ならいつか分かり合える。財政を担う事務屋とは分かり合えそうもないが，というところでありましょうか。専門分野の職種における共通の文化で，文化の障壁を乗り越えることができるという点にも注目しています。そして，安西に以下のように言わせます。

　　「あ，そうそう。話の続きだけど，今日も台湾高鉄側からはスケジュールの遅れに関して怒られてたんだ。でも，（共同受注者である）ドイツやフランスの技術者たちってのは案外いい奴らなんだな。もちろん日本側のせいにはするけど，それでもいろいろと手伝ってくれようとするんだよ。それに引き換え香港勢なんて，金の算段が終わった途端にみんな帰国してるからな。まあ，投資グループの代表としてきてるんだから仕方ないけど，金儲けの話さえ済めば，『あとはあんたらで汗を流してくださいな』みたいな感じで，ほんと冷たいもんだよ。[21]」

　欧州側は日本流の技術に対して不満を持っており，自分たちの技術の常識を主張してきたり，日本側に何度も細かい資料を要求してきたりします。さらに台湾側は台湾側で100％欧州流でもなく，100％日本流でもない，最も台湾側にメリットがあるような「台湾オリジナル」な高速鉄道の実現を求めて，様々な要求を突きつける。こうしたやり取りは日本流の仕事の仕方から見れば非効率的なのだが，これが欧州技術者の矜持であり，台湾側のプライドなのです。妥協はしません。日本の技術者もそれにもまれていく中で，異文化に対してリスペクトしていき，上述のような不思議な「連帯感」ができあがります。これが最後はプロジェクトを成功に結びつける鍵なのだと作者は言いたいのです。

4 政治文化とビジネス

4-1 『香港の水』―日本政府の「無関心」と日本企業の「甘え」

　『香港の水』では日本人技術者の本音として，「英国企業にしろ，他の国の企業にしろ，海外での自国企業が大規模な仕事を受注する際には政府が自国企業をバックアップするが，日本政府は企業を支援せず，細かい規則を押しつけることによって，結果的に日本企業の海外ビジネスの機動性を奪っている」と言わせています。

　一方，日本企業側にも国内の仕事で慣れ切った甘えがあり，国際舞台でのビジネスに弱い。例えば，日本企業は精緻な作業工数見積もりや費用見積もりを行わない，感覚的な応札で勝とうとします。いったん入札に勝ち，工事に入っても日本の技術者は下請けの現地企業や現場作業員に「日本の常識」を押しつけ，トラブルの原因を作って作業効率を落とすことに加えて，自らもストレスにさいなまれています。

　日本企業は第二期のプロジェクトである淡水湖の建設工事に対しても応札しますが，落札することはできなかったのですが，これに対して，日本国政府はかけ声ばかりで，実際にはこうした海外事業に積極的に展開しようとする日本企業を支援することはしません。これは欧米政府とは全く異なる態度でした。「民間企業活動に政府は支援すべきものではない」という，官尊民卑の考え方です。そのくせ規制する時には一方的に押さえつけてきます。日本のビジネス文化の悪弊の一つでありました。こうした日本の政治とビジネスに関するよくない部分を以下のように痛烈に批判します。

　　「（後続の入札に）日本の各社はあえなく敗退した。国家からの支援は何一つないばかりか，機械や資材の持ち出しをはじめ，海外での資金繰りなどについて，故意の意地悪かと疑うしかないほどの，官庁のしちめんどくさい制約ばかり押しつける日本に比べて，西独やフランスやスエーデンなどのヨーロッパ諸国は海外での建設工事は国家が強力に支援していた。[22)]」

　欧州では政府は企業から税金を徴収しますが，その対価として海外市場開拓

の後方支援というサービスを行います。しかし，日本では政府にとって「企業とはサービスする対象ではなく，政府の言うことを聞かせ，税金を徴収する対象」であるのです。日本の政府と企業の関係を端的に表現しています。

4-2　『大地の子』—政治的闘争としてのプロジェクト

　『大地の子』では中国の社会主義においてすべて政治化され，現場において権力者の意向でプロジェクトが左右される有様が描かれています。そのとばっちりとして，中国側から現実を無視した要求を突きつけられて，日本側は困惑します。中国側にとって国内の政治的な理由は「絶対」です。外国側に「泣いてもらわなければならないもの」なのです。中国側から突きつけられる要求は政治的なものであるために，日本側からいくら「技術的」説明をして妥協を取りつけようとしても議論はすれ違います。社会主義の中国において政治はすべてに優先するのです。

　これに加えて十分に技術的な裏づけも持っていないまま，「日本側の現在の最新技術をすべて移転し，こちらの要求する短期間での成果物を実現せよ」という中国側からの強い要求は，日本側が受注側であるだけに弱みがあり，一蹴できないのです。たぶん中国側の担当者もその要求を日本側にのませることができなければ「仕事において人民に奉仕する努力を十分にしていない」とされ，政治的に窮地に追いやられ，辺境地や閑職に放逐されることになるのです。この作品当時の（今もそうであるかもしれませんが）中国ビジネスはすべてにおいて「政治的理屈」が最も権威を持ちます。ビジネス活動も政治闘争の一環なのです。

　中国側のプロジェクトリーダーである趙大烈の就任挨拶はこれをよく表しています。

　「同志諸君，諸君の多くとは今日が初めての顔合わせであると思うが，私が今回の新鋭製鉄所建設の総指揮をとる趙大烈である。各単位，舞台から選抜されて上海に集った同志諸君は我が国近代化という新たなる"長征"[23]に向かって，最初の第一歩を踏みしめる兵士である。毛主席の革命思想と夏主席

（当時の華国鋒共産党主席と考えられる）の英明なる戦略によって，党と国務
院の定めたこの現代化路線を，死力を尽くして戦って貰いたい。[24]」

という政治的演説をぶちます。

　「同志諸君，本日の午後から日方との談判が始まる，日本の東洋製鉄は現在
世界一の鉄鋼メーカーであり，世界の企業を相手にして戦い抜いてきた日本
を代表する大企業である。従ってその交渉技術を始め，建設，操業などあら
ゆる面において卓抜した企業戦略を持っているであろう。……（中略）……
最も重要なことは，建設期間は二年，東洋製鉄が現有する最新鋭の先進技術
を，すべて中国側に移転するという二点である。このために党と国務院は未
曾有の膨大な建設費用を決断したのだ，同志諸君，譲歩は許されない。同志
諸君の思想と知力で談判を成功させることを期待する！[25]」

　日本側との交渉も彼らにとっては「革命闘争」です。当時の中国においては
すべての事業は革命的な意味を付与されなければならないのです。したがって
ビジネス上の交渉はすべて革命のために勝利しなければならない戦いです。山
崎は作中で，「日中友好」はこのように政治化されたプロジェクトにおいて日本
側を譲歩させる言葉であることを指摘して，次のように書いています。

　「談判で最も威圧的な中国側の切り札は"非友好"で，この言葉が発せられ
ると，問答無用的に目さざるを得なかった。[26]」

　これに対して，政治システムが全く異なる日本側のメンバーは，そうした事
情には無自覚です。日本側はすべて安定した大企業につとめる「サラリーマン」
であり，政治によって自分の職業キャリアが左右される中国側担当者の立場を
理解できず，「どうして訳の分からないことを言うんだ」という反応となりま
す。戦中派であり，中国語に堪能で，中国事情に詳しい松本上海事務所長以外
にそうした中国側の心情を理解するスタッフはいません。しかし，松本も日本
の「企業戦士」であり，中国側に安易に妥協的な態度を示すことはできません。
　ただ，中国側の事情を察知する東洋製鉄の松本上海事務所長はなんとかこの

ギャップを埋めるべく，日中双方の橋渡しとなり，プロジェクトを少しでも円滑に進めようとしますが，逆に中国側は「なぜ松本は中国側の事情をくみ取れるのか，戦前中国でスパイ活動をしていたのではないか」として警戒します。中国側の内部事情を知られることは中国側にとっては不都合であり，ビジネス上においても政治的視点から「敵と味方」の二分法で考える当時の中国の雰囲気が中国のビジネス文化の一部になっていたことが如実に示されています。

4-3　『路（ルウ）』—台湾ビジネスにおける「大陸要因」

　『路（ルウ）』では欧州と日本の間で，「発注者」である台湾側（運営企業である台湾高鉄：台湾高速鉄道）の立ち位置に対する日本側企業の戸惑いが描かれています。台湾側が受注企業である日本企業連合と欧州企業連合のバランスを利用しながら台湾の「国益」を最大化しようとして振る舞うため，すべて日本流で進めようとする日本側は戸惑います。これは台湾高速鉄道プロジェクトにそもそも日本企業が関わった経緯とも関連しています。

　1997年9月，台湾では台湾高速鉄道の入札があり，BOT方式を前提とする条件でフランスとドイツが組む欧州勢が交渉優先権を獲得しました。[27)]この台湾高速鉄道計画（台湾版新幹線）には日本側も国を挙げて企業連合を形成し，応札しました。しかし，欧州勢の3366億元に対し，5286億元と提示価格で劣後し，日本側は優先交渉権を獲得できなかったのです。このような大きな機械や技術の輸出に関わるビッグプロジェクトは，技術的な比較優位性でも競われますが，価格面での差が大きかったからです。また，政治レベルの働きかけについても差がついていました。欧州勢は国の政治リーダーがトップ営業をするのが当たり前の慣習として行われていました。しかし，日本と台湾の間では国民レベル，民間レベルではそれぞれの地震に対する支援（日本の阪神淡路大震災，台湾の中部地震）で交流が深まっていましたが，政治レベルでは日本政府が北京に気を遣ったせいか，政治家によるトップ営業は活発ではなかったからです。このこともこの入札に敗北した原因の一つです。しかし，後述するようにその後，欧州勢は勢いをかって中国大陸の高速鉄道案件にも働きかけてしまいました。これが台湾の政界を刺激し，このプロジェクト発注者である台湾高鉄が，一転日本の新幹線とドイツ・フランスの高速鉄道の合作といった形を提案してきた

図表2-4　台湾高速鉄道（台湾版新幹線）建設までの経緯

年月日	報　　道
1997.9.26	台湾高速鉄道建設工事で欧州企業連合の「台湾高速鉄道連盟」に日本企業連合の「中華高速鉄道連盟」が入札金額で敗北する。
2000.12.14	「フランスを中心とした欧州連合はこの高速鉄道落札の利点を基に中国大陸の高速鉄道を工作していた」ことに対して，台湾の前政権が激怒し，この結果「恒常的な維持管理」の観点から隣国の技術が望ましいとして，日本の車両技術を採用することに決定する。
2002.4.21	日本の新幹線技術を基に台湾版新幹線のデザインが発表される。
2004.5.4	資金難が表面化し，民間事業から台湾当局のプロジェクトに移管する可能性が台湾紙に報道される。
2005.1.27	民間事業として建設運営されることはそのままに，建設工事のスケジュールが三か月遅れであることが報道される。
2006.11.2	工事中の電線盗難事件，車両の試運転中の脱輪事故について報道される。
2007.1.5	台北—高雄間の台湾新幹線が開業。日本式車両の開業運転士はフランス人であったことが報道される。

出所：『路（ルウ）』に転載された産経新聞の記事を筆者が要約。[28]

のです。共産党政権の大陸に売り込みをかけようとした欧州勢の姿勢を嫌って，台湾政府は入札に敗れた日本企業連合を車両部分のサプライヤーとして関与させるようにして，入札に勝利した欧州企業に圧力をかけたということであろうと推測できます。

　これにより，レールや信号システムなどは欧州勢の技術，レールの上を走るのは日本の新幹線[29]ということになったのです。日本企業連合のかろうじて逆転受注できた背景にあったのは，欧州の台湾と中国に対する政治的関係の微妙なバランス，すなわち「大陸要因」を深刻に理解していなかったと見られる欧州勢の勇み足であったのです。

5 第二次世界大戦の記憶とビジネス

5-1 『香港の水』―旧日本軍の記憶

　このプロジェクトの施工を監督するのは，香港政庁から委託された英国の建設コンサルタントです。そこからはインスペクターという管理者が派遣されてきます。しかし，彼らは必ずしも，日本の技術者のように技術に秀で，職業倫理の高いプロフェッショナルではありません。木本の『香港の水』の作品中では以下のように描写されています。

　　「インスペクターというのは規定によると，24時間いつでも現場からの照会に応じ得る態勢になければならないことになっている。彼らの中には明らかに服務規則を犯す者もいた。しかし彼らはその身元について考えてみると，本国では煉瓦工とか大工とかいった人たちで，正規の教育を受けた技術者ではない。特にインテリでもなんでもなく，植民地に出稼ぎに来ているだけなのだ。[30]」

　つまり，彼ら英国人にとって香港は，利益を本国に持ち帰る植民地，いわゆる「金の卵」に過ぎないのです。その関係を1840年のアヘン戦争以来続けてきたのです。その英国の「金の卵」を一時的にでも，1941〜1945年の間奪い取ったのは日本人です。日本に対する自分勝手な憎しみはこのプロジェクトで，以下のように日本人技術者への無理難題としてぶつけられます。

　　「ある時イギリス人のインスペクターから，そこにある土を3日間で他の場所に移せと命令された。計算してみると1週間は必要な仕事量だったので日数を増やすように申し入れたところ，そのインスペクターは『俺は戦争の時に，香港で日本軍から家を3時間で明け渡せと命令された。銃剣を突きつけられて，俺は仕方なく3時間で立ち退いたぞ。[31]』」

　契約や歴史的憎しみを盾に日本人に嫌がらせをする英国人インスペクターとやり取りしながら，西松建設も熊谷組も香港政庁の納期短縮の要求に追われな

図表2-5　アジアでは多くのインフラ建設に日本の円借款が関わった

―かつて円借款も投入された中国・広東省大亜湾の港湾設備など―

出所：筆者撮影。

がら工事を進めたのでありました。

5-2　『大地の子』―中ソ対立と日中戦後処理

　中国の建国間もない1950年代までは旧ソ連と中国の関係は蜜月でしたが，1960年になってイデオロギーの路線の違いなどから旧ソ連と中国の対立が先鋭化し，1960年6月には中国国内で建設途中のプラントやインフラ設備建設の協力を旧ソ連側が拒否し，技術者を引き上げさせました[32]。こうした歴史的経緯から1978年に始まった改革開放政策においては，中国指導部は旧ソ連ではなく日本など資本主義諸国から機械，プラントなど多くの資本財を輸入する契約をこれらの国のトップ企業と結びました。新日本製鐵には輸入鉄鉱石を使用する最新式の製鐵所を沿海部の中心都市上海の臨海地域に建設するための技術協力の契約です。このプロジェクトを含めてあまりに多くの機械プラント契約を結んだために，1981年にはついにこれらの代金・報酬の決済に用いる外貨の資金繰りがつ

かず，突然すべてのプラント輸入契約をキャンセルするという事態になったこともあります。日本が中国に円借款による商品借款という形で輸入決済資金を低利長期で供与するなどしてこの事態はやがて解消され，それまで結んだほとんどの契約は復活しました。しかし，この事件は西側の資本主義国家の政府・企業に中国の改革開放が資金的な裏づけがないものだという不信感を植えつけることになりました。しかし，日本のみならず，西側先進国や世界銀行なども中国の改革開放を支援する姿勢は堅持していました。プラントや大型機械設備の建設は外国からの公的援助資金の借款によるものから，外国企業の直接投資へと主体を移すことになっていきました。

　とは言え，日中戦後処理の一環という意味もあった日本の政府開発援助（ODA: Official Development Assistance）は，中国の改革開放におけるインフラ開発に大きな貢献をしたことは確かです。その一形態である円借款は特に量的貢献が大きいのです。[33] 日本政府は同じように東南アジア諸国などに戦後賠償としてODAを供与していましたが，それらは年度毎に金額を決めて実施されていました。しかし，中国に対しては異例に複数年度にわたる大規模な資金の供与を継続していました。[34] 日本政府の対中円借款は，1980年に始まり2007年に終了するまで28年間にわたり合計約3兆円が供与されました。鉄道，港湾，発電所，通信などのインフラ建設の分野で大きく貢献しました。例えば北京国際空港，上海浦東国際空港，広州地下鉄などに円借款資金が供与されています。当初，中国側は「賠償を放棄したのだから当然であり，感謝する必要はない」という姿勢でしたが，2000年に「日中経済協力20周年」のタイミングで，やや険悪化していた日中関係の改善を試みた当時の朱鎔基首相などの政府関係者は「感謝」を表明しました。日中関係の善し悪しによって日本の対中経済協力への中国側の姿勢は変化していたのです。なお，発展途上国への援助資金の融資条件は被援助国の発展水準に応じて先進国グループである国際機関，経済協力開発機構（OECD: Organization for Economic Cooperation and Development）の中の開発援助委員会（DAC: Development Assistance Committee）で決められています。[35]

　さて，日中双方における日中戦争の記憶もこの作品が注目した要素の一つです。プロジェクトの現場では日中戦争における日本への中国側からの敵視，怨

念により不信へとつながり，中国側の怒りにつながる場面も描かれています。日本側から見ればそうした要求は「理不尽な要求」，「現実的ではない要求」であり，それを理屈で説明する努力をしますが，それがかえって「日本人は中国人を見下している」というような受け取り方をされて，より意固地な要求につながっていく有様も描写されています。厳しい交渉の際に中国側がつけ加える「中日友好の精神で考えてほしい」という決まり言葉はフレンドリーな言葉ではありません。裏を返せば「日中戦争で日本は中国に大きな被害をもたらしたのだから，今度はこちらの要求をのんで当然だ」ということであり，日本側は困惑します。

　しかも，日本企業のトップには戦中派が多く，「戦争で中国に迷惑をかけた」という後ろめたさがあります。そうした中国側のアプローチには弱く妥協的な姿勢になりがちなので，現場へのプレッシャーは並大抵ではありません。ただし，日本企業の側にも「欧米流の合理主義」で考える経営陣もいて，実際に中国側と対峙する日本の現場技術者は精神的に疲弊していく様子が描かれています。

5-3　『路（ルウ）』—両岸関係における台湾の感情[36]

　海外のインフラプロジェクトの受注とその遂行には受注企業が属する各国政府の影響力が常にちらつくのが普通です。受注前には各国政府が自国企業を落札させようとし，相手国政府の首脳級の政治家に様々な形で接触し，いわゆる「トップセールス」や「ロビー活動」を行います。また受注して，実施する際にも他国企業との共同受注や連携しての遂行である場合には，相手国に自国の技術を「標準形」として定着させ，将来の入札案件で優位なポジションを取ろうとします。例えば，『路（ルウ）』においても以下のような場面として描かれています。

　　「台湾サイドとしても日本の長所と仏・独の長所を組み合わせたGOOD MIXを望んでいるのだが，日本方式と欧州方式の高速鉄道には根本的な違いも多く，それぞれが見解をぶつけ合い始めると，最終的に両者の技術の優劣を決めることになり，ビジネスラインだけならばともかく，技術者同士の意地の

ぶつかりあいというものは春香（主人公—筆者注）などが想像していた以上
にプライドをかけた戦いとなり，話し合いの流れによっては中途半端な結論
しか出ず，それこそ皆が恐れるBAD MIXになりかねない。」[37]

　また，トップセールスやロビー活動で，一度は落札したとしても，契約に至
るまでには国際情勢の変化により発注国（ホスト国）政府がその結果に修正を
加えることもあります。台湾高速鉄道のこのプロジェクトにおいても，国際情
勢が一度敗れた日本側に逆転勝利をもたらした背景について以下のように描か
れています。

　「前政権の中枢に近い人が，日本の技術導入の裏話として『フランスを中心
とした欧州高速鉄道連盟は台湾新幹線落札をもとに大陸に接近し，あらたな[38]
高速鉄道受注を工作しようとしていたようだ』というのだ。周知のように日
本企業連合はライバルの欧州高速鉄道連盟（ユーロトレイン）の過激な売り
込み戦略に圧倒され，一回戦とも言える全体技術導入の優先交渉権で敗退。
当然，車両や運行システム技術も欧州に奪われる流れだったが『裏』を知っ
た前政権中枢が激怒し，『気候風土が似ており，恒常的なメンテナンスの面で
隣国の技術が望ましい』と日本に敗者復活の機会を与えたという。」[39]

　第二次世界大戦後，台湾は中国共産党との武力闘争に敗れた国民党が中国に
立てた政権です。1990年代からは政権交代が選挙により可能な民主主義が定着
しています。この台湾に対して，北京の共産政権は台湾を中国に取り込もうと
する一国二制度を提唱していますが，台湾は明確に拒否しています。これに対
し，中国は政治的経済的圧力をもって台湾を国際社会から孤立させようとして
おり，場合によっては中国は武力で台湾を取り込むことを考えています。台湾
人の多くはそれに反対していて，こうした歴史を背景に持つ台湾の政治状況に
関して，欧州企業はあまりにも鈍感だったということでありましょう。この「敵
失」によって，日本企業連合は逆転的にプロジェクトの重要な部分である車両
や運行システム技術を受注したのでありました。

6 まとめに代えて

　それぞれの作品の日本側のカウンターパートは香港政府・中国人（香港人），中国共産党政府・中国人，台湾政府・台湾高速鉄道，欧州技術者と異なるものの，共通しているのはそれに対応する日本側の「日本ではこれでうまくいっているのでこのようにやった方が良い」という思い込みです。カウンターパートの目にはそうした日本側の姿勢が「傲慢」とも映る場面があります。それぞれのプロジェクトにおいて日本側技術者が「アジアで一番進んでいるのは日本で，ほかの国地域はそれに学んだ方が良い」との意識をどこかで持って対応しているのは否定できず，それがしばしば仕事上の不信となり，様々なすれ違いと対立につながっていきます。これは日本企業において，海外ビジネスを行う際にはディスアドバンテージ（disadvantage）です。これに加えて，日本政府の自国企業の海外展開に関する関心の薄さもディスアドバンテージです。しかしながら，これらにも増して日中戦争，太平洋戦争に象徴される戦争の記憶がアジアにおける日本企業のビジネスではしばしば，躓きの石として顕在化することが問題でありましょう。親日で知られる台湾においても，戦前の日本統治下のネガティブ記憶は完全に払拭された訳ではありません。これは，異文化問題とともに日本企業が念頭に置かなければならない点でありましょう。今回，取り上げた三つの作品では多かれ少なかれこの問題がBGMの音楽のように底流に響いています。

　さて，ビジネス小説の意義や魅力は，それらに登場する人物が様々に降りかかる困難に対してどのように考え，どのように対応していったのか，ではないでしょうか。成功や失敗，特に失敗を通じて何をどのように学んで，克服していったのか，これらビジネス社会に生きる我々が知りたい示唆を得られるということでもあります。良くも悪くも，時代の転換点の荒波を独特の個性で乗り切る企業人の苦闘に感情移入しながら「疑似体験」ができるとも言えるでしょう。

　本章は作家の目を通して，日本人ビジネスマンが異文化状況下で，どのようにプロジェクトを進めていったのかを考えるものでもあります。これはグローバリズムと格闘しながら日々活動を行う今日の日本のビジネスに有益な示唆を与えると筆者は考えています。

[注記]

1) 本章は小林（2023b）および小林（2023c）を基に再編・修正したものである。

2) 木本（1992）は，関西電力の黒部川第四発電所建設プロジェクトの物語である。この作品は困難な建設プロジェクトに挑む関西電力とその工事受注者の佐藤工業，熊谷組の技術者の苦闘とそれを支える家族の物語を描いた。この奥地の建設サイトに建設資材を輸送するためのトンネル掘削が歴史上まれに見る難工事（一分間にドラム缶240本分の地下の熱水が噴き出す破砕帯を通すトンネル工事）は，171人もの殉職者を出した。後に石原プロダクションが映画化して好評を博した。

3) 1941年の12月のクリスマスの時期に日本軍は香港島に上陸し占領のうえ，敗戦の1945年8月15日まで軍政を敷いた。英国や中国側への支援者への弾圧のほか，日本軍は物資を現地調達するために軍票を発行し，現地の香港人から物資を調達した。戦後，この軍票は無価値になったため日本に対する怨嗟は戦後も長く，香港社会に残ることになった。

4) 当時，大卒者の就職先は政府によって決められ，本人に選択の余地はなかった。

5) 稲山嘉寛は新日本製鐵社長，会長，日本経団連会長を務めた財界の実力者。中国最高幹部との個人的信頼関係を築き，日本の対中ビジネス促進に大きな貢献をした。

6) 李先念は中国建国八代元老の一人，1977年当時は中国共産党副主席および国務院（日本でいう内閣）の副総理（日本でいう副首相）の立場にあった。1983年から1988年まで国家主席を務めた。政治的には改革開放に批判的な保守派に属すると言われていた。

7) 鄧小平はこの作品の対象時期の中国の最高実力者。「改革開放政策」を提唱し，「社会主義市場経済」システムの導入により，現在の経済大国としての中国の基盤を築いた。中国共産党総書記，国務院副総理，中国共産党軍事委員会主席などを務めたが序列第一位の立場には就かなかった。しかし，公職在任中はもとより，引退して一般党員になった後も，中国の最重要案件の決定は鄧小平の承認が必要とされ，それ故に「最高実力者」と称されることが一般的である。「改革開放の総設計師」と言われる。

8) 劉（1999）によると，このプロジェクトは新日本製鐵が鉄製品の製造に加えて，その技術を国外に輸出して大きな収益の柱にするという，当時の新日本製鐵の将来を左右するものであったという。

9) 山崎（1994）第四巻，p.359。

10) 胡耀邦は中国共産党総書記鄧小平の下で，改革開放を実際の政策として推進・実施した。対外的には開放的な考え方を持ち，『大地の子』の取材のために山崎豊子と三回面会し，バックアップした。

11) 佐高（1994）。

12) 木本（1991）p.145。

13) 木本（1991）p.145。

14) 実際に，当時の西松建設の関係者は後日，当時を振り返ってそのように述べている。

15) 山崎（1994）第三巻，p.108。

16) 山崎（1994）第三巻，p.109。

17) 山崎（1994）第三巻，p.109。

18) 山崎（1994）第三巻，p.109。

19）吉田（2015）p.319。

20）吉田（2015）p.81。

21）吉田（2015）p.81。

22）木本（1991）p.166。

23）中国共産党軍が1934年から1935年にかけて対立する国民党勢力との戦闘を続けて，江西省の山間部の拠点，瑞金からさらに奥地の革命根拠地である陝西省の延安まで約1万2500キロを超えて徒歩で移動・行軍したこと。中国共産党の歴史のうえで崇高な出来事として位置づけられ，困難な事業を遂行する場合にしばしば言及される。

24）山崎（1994）第二巻，p.270。

25）山崎（1994）第二巻，p.271。

26）山崎（1994）第二巻，p.284。

27）欧州勢は各国で採用されている高速鉄道方式TGV（フランス），ICE（ドイツ）の規格を提案し，日本勢は新幹線方式を提案した。

28）吉田（2015），pp.8，68，142，212，276，340，410，460。

29）JR東海の700系「のぞみ」をベースにした車両。最高時速300キロ。在来線の台北―高雄間の3時間半を約90分で結ぶことを目指した。

30）木本（1991）。

31）木本（1991）。

32）中国は「建国の父」国家主席の毛沢東，旧ソ連は共産党第一書記で首相のニキータ・フルシチョフとの対立から始まったが，その後1964年にフルシチョフが失脚した後も中ソの対立は続いた。

33）中国政府は日中戦争中に旧日本軍から中国が被った被害に対する戦時賠償に関わる金銭的補償を戦勝国として要求する権利を持っていたが，それを放棄していたため，日本政府は大規模で長期にわたるODAでそれを代替するといった形になっていた。この円借款のほかに返済義務のない無償資金協力や，医療，教育や環境保護などに供与。

34）日本政府の対中円借款は当時の政府系特殊法人海外経済協力基金（OECF: Overseas Economic Cooperation Fund。現在は日本政府のODA部門の統合再編により独立行政法人国際協力機構＝JICA: Japan International Cooperation Agencyになっている）によって行われていた。

35）作品中，山崎豊子氏はこのOECDとOECFを混同して理解している箇所があるが，作品そのもののストーリーには影響していない。

36）台湾海峡を挟んだ台湾と中華人民共和国の関係のこと。

37）吉田（2015）p.34。

38）中国大陸，すなわち中華人民共和国を指すと思われる。

39）吉田（2015）p.68，産経新聞大阪夕刊，2000年12月14日からの引用。

［参考文献］

海外経済協力基金編『海外経済協力基金年次報告書 各年版』海外経済協力基金。

海外経済協力基金調査開発部編（1984）『海外経済協力便覧 1984年版』国際開発ジャーナル社。

木本正次（1991）『香港の水』日本放送出版協会。

木本正次（1992）『黒部の太陽』信濃毎日新聞社。

小林守（2022a）「戦前の文学作品にみる近代中国・上海の企業人像─茅盾『子夜』，横光利一『上海』，アンドレ・マルロー『人間の条件』から─」，『社会科学研究年報』第56号，専修大学社会科学研究所。

小林守（2022b）「ビジネス小説にみる戦後経営者のカリスマ型リーダーシップ」『専修ビジネスレビュー』第17巻第1号，専修大学商学研究所。

小林守（2022c）「ビジネス小説にみる戦後経営者の関心とコミュニケーションスタイル」『社会科学研究月報』第712号，専修大学社会科学研究所。

小林守（2023a）「ビジネス小説にみるリスクマネジメント─戦前戦後の大規模建設にみるコミュニケーション，モチベーション，チームデベロップメント─」『専修ビジネスレビュー』第18巻第1号，専修大学商学研究所。

小林守（2023b）「ビジネス小説に学ぶ国際プロジェクトのマネジメント─国際プロジェクトにおける異文化の壁と政府の関与─」『商学研究所報』第54巻第2号，専修大学商学研究所。

小林守（2023c）「ビジネス小説にみる日本企業にとっての『異文化の壁』─海外建設プロジェクトにおける『仕事の慣習』，『政治文化』そして『戦争の記憶』─」『人文科学研究所月報』第325号，専修大学人文科学研究所。

佐高信（1994）『経済小説のモデルたち』現代教養文庫。

山崎豊子（1994）『大地の子』第一巻～第四巻，文春文庫。

吉田修一（2015）『路（ルウ）』文春文庫。

劉志安（1999）「新日鉄の中国戦略─宝山製鉄所の事例を中心に─」『環境と経営 静岡産業大学論集』第5巻第2号。

第3章

異文化リスクの調整メカニズム としての労働市場仲介機能 (LMI)
―東アジアのホワイトカラー人材の国際間移動―

1 はじめに

　近年，グローバル化が進み，人々が海外に移住したり，就業したりすること が珍しいことではなくなりました。18世紀後半に始まった産業革命は，蒸気機 関車や蒸気船などの登場で，交通機関が飛躍的に発達し人々の移動を容易なも のにしました。20世紀に入ると鉄道や船舶に加えて航空機で世界を自由に飛び 回れるようになったのです。交通の利便性が進むとともに海外旅行や留学をし たり，海外で仕事をしたりする人も増えました。そして，最近ではインターネ ットを利用して様々な現地の情報に触れることができるようになったため，海 外という活躍の場がより身近なものになりました。しかし，海外で働きたいと 考えていても，言語や文化，仕事の慣行が異なる異国で自分に合った仕事を見 つけることは難しく，また，海外の優秀な人材を採用したいと思っても，その ような人材をどこで見つければ良いのか，企業など組織の採用側にとっても難 しい問題です。

　交通機関やインターネットの発達で，人材が海を越えることは容易になりま した。しかし，海外で仕事をしたいと考えている求職者にとっても，また，海 外の人材を採用したいと考えている企業や組織の採用者側にとっても，経済学 で言うところの「情報の非対称性」という問題はますます深刻なものになって います。「情報の非対称性」，または「情報の不均等」とは，商品やサービスを 提供する側と，それを購入する側とで情報のミスマッチが起こったり，情報が 十分に伝わらなくなったりする問題です。すなわち，求職者にとって海外での 就業に関する正確な情報は国内で圧倒的に不足しており，また，海外人材の採

用を検討している企業にとっても，人材の情報を得ることが極めて難しいのです。

　海外での就業に役立つ情報は，留学生や海外在住の外国人居住地やコミュニティにインフォーマル（非公式）な形で集まる傾向があり，一般の就職活動や企業のフォーマルな採用活動にこのような外国人の人材に関する有益な情報は反映されない傾向があります。グローバル人材の重要性が叫ばれているにもかかわらず，国際的な労働市場では，人材を求める人や組織が保有する情報が圧倒的に不足していたり，ミスマッチが起こったりする「情報の非対称性」，「情報の不均等」が常態化しているのです。

　そこで，本章では，グローバル労働市場で活躍する東アジアのホワイトカラーや高度な専門知識を必要とするエンジニアなど高度人材の国際間流動，すなわち，台湾，韓国，日本の高度人材がどのようなきっかけで海外を目指すようになったのかについて考えていきます。具体的には，彼らがどのような背景から海外を目指すようになり，また，どのような方法で海外就業の情報を集め，文化や社会構造，労働慣行の違いを乗り越えて海外の職場で働くようになったかについて検討します。さらに，海外の求職者と企業の「情報の非対称性」，すなわち情報のミスマッチを解消するために企業側と求職者を結びつけるグローバルな人材サービス業の果たす役割についても考えていきます。

2 「グローバル就職活動」の背景と主なチャネル

　経済のグローバル化が進むにつれて，企業は商品の研究開発や製造に適したロケーションを求めて世界に拠点を置くようになりました。企業の資金調達もグローバルな金融市場で展開されています。米国の社会学者，サスキア・サッセンが指摘したように，ニューヨーク，ロンドン，東京といったグローバル・シティが国際的な金融センターとして成長し，世界のクオリティの高い商品やサービスがこれらの国際都市に集まるようになりました。高度な専門的業務を遂行するプロフェッショナルな人材がグローバル・シティの経済活動をコントロールしています。一方，都市部の低賃金労働には世界中から移民労働者が集まるようになりました（サッセン，2008）。また，世界のイノベーションをけん

引するグーグル，フェイスブック，アップル，といったハイテクやインターネット関連の新興企業はサンフランシスコのシリコンバレーに本社を構え，世界中からクリエイティブで優秀な人材が集まっています（フロリダ，2008）。

　このようにグローバル化によって，国家による経済のコントロールが難しくなり，先進工業国における国家の力は相対的に大きく低下しています。国民国家や民族主義の概念が弱まり，海外からの労働者を受け入れたり，外国人が働いたりできる場が増えているのです。本章では，特に最近注目されている大卒などの高学歴ホワイトカラーやエンジニアなど高度外国人材がどのようなきっかけで海を渡り外国で働くようになったのかについて考えてみます。

　21世紀に入ってから，各国では移民労働者を排斥する動きが活発化しました。これは，経済のグローバル化とともに大量に流入した移民労働者と受け入れ国の人々の間で深刻な文化摩擦が起こり，生活習慣の異なる移民労働者を排除する動きが起こったためです。その一方，最近では外国人労働者の受け入れを規制するというよりも，状況に応じて必要な外国人労働者だけを選別して受け入れるという政策が採用されるようになりました。学歴が高く，プロフェッショナルな能力を持つ高度外国人材を各国が競って受け入れ，国家競争力を引き上げるために彼らの能力を積極的に活用するという勢いが生まれています（De Haas, et al., 2018）。

　新古典派経済学のプッシュ・プル理論は，労働力の国際間移動の主な理由が経済的格差にあると考えていました。すなわち，先進国は経済規模が拡大しているが，労働力が不足しているため，海外から仕事や相対的に高い賃金を求めて労働者が流入するといった状況を説明しています。1980年代まで，低賃金の移民労働者にしても，また，高学歴の高度外国人材にしても，発展途上国から先進国へ移住するケースが中心でした。

　しかし，近年，海外移住先も多様化し，貧困から脱却するために先進国に移住するというパターンだけではなく，先進国からほかの先進国への移住，先進国から途上国への移住といった逆パターンも増加しているのです（Winders, 2014）。日本でも1990年代半ば以降，20代から30代の女性が日本の会社を退職して香港や上海，シンガポールに移住して現地で仕事を探したり，働いたりする「アジア就職ブーム」が話題になりました（酒井，2018）。これらの地域の企業は日本に比較すると女性を積極的に採用し，男女で昇進や賃金格差が少ない

ことが主な要因となっています。

　このように，人材の国際間移動は経済的格差からのみ説明できるものではなくなりました。外国人労働者の受け入れ国と送り出す国との関係性のみならず，構造的な要因が複雑に絡み合ってお互いに必要な人材を海外から受け入れ，人々もまたそれぞれの個別の要因やその国の社会や産業構造の変化などの影響を受けて海外を目指すようになったのです。ウオーラーステインの世界システム論から労働者の国際間移動を考えると（高橋，2014），国際間移動を，労働者を受け入れる側と送り出す側の二者間の関係から理解するだけでは不十分であり，世界全体の構造的な要因を考慮することで，外国人労働者の海外移住先の多様化についても理解しやすくなるのです。さらに，性別に関係なく働きやすい職場のダイバーシティ（多様性）が推進されていること，上下関係がなく上司と部下とのコミュニケーションがスムーズで新しい考え方や意見が採用され，イノベーションが生まれやすい社会的背景や組織構造であることも人材が移動する要因となります。

　酒井（2018）のインタビュー調査でも指摘されていますが，2010年までは日本女性の東アジアや東南アジアへの就業や移住がメディアで話題になっていました。しかし，現在では求職者は男女半々で，営業や技術職などの求人が増えて日本人技術者が東アジアで雇用されるケースが増えています（酒井，2018:pp.42-43）。日本の製造業が衰退する中で，中国など東アジア系企業の成長が著しく，日本企業では資金面やコスト的に難しくなっている思い切ったイノベーションや技術革新が行われている場合もあり，日本人のエンジニアが活躍と飛躍のチャンスを求めて中国や台湾などで就業するケースも出てきているのです（Tabata, 2012）。

　このように，高度外国人材の海外への流動は東アジアにおける各国の産業競争力の変化など，グローバル経済や産業構造のダイナミズム，各国の文化，社会背景や企業の組織構造の影響を強く受けています。人材の国際間流動に産業競争力の変化が与える影響については次節で詳しく解説しますが，日本に限らず，欧米先進国においても経済成長が頭打ちとなり，資本主義の発展が隘路（あいろ）に直面するようになると，企業が長期雇用や正規雇用を維持しにくくなり，解雇や非正規雇用に苦しむ人々が増加します。苦境にあえぐ先進国の若者たちが海外に活路を見出すのも当然と言えるでしょう。また，上下関係が厳しく部下が

上司に提案しにくい組織構造や，性別によって昇進の道が閉ざされたり，賃金で差をつけられたりするなど，多様性に乏しい社会的背景が容認されていると，そのことに不満を感じて海外に活躍の場を求める人々も出てきます。

　先進工業国と途上国との間の経済格差に始まって，先進工業国が資本主義の構造的な危機に直面し経済成長が鈍化，企業の硬直化した組織構造や多様化を容認しない社会的背景など，様々な要因から人々は国境を越えて海外で仕事を探すようになりました。それでは，こうした海外での就業を希望する求職者たちはどのようなきっかけでグローバル就職活動に踏み出すことになったのでしょうか？　本章では，東アジアにおける高度人材の国際間流動にスポットを当てますが，これは，日本，台湾，韓国，中国といった東アジアの国々が地理的に近く，サプライチェーンを相互に構築して緊密な経済的関係を維持していることから，人材の流動も極めて頻繁で，移動しやすいためです。

　東アジアで高度人材が海外での就職を意識するきっかけになっているのは，30代までの若い世代の場合，高校や大学の交換留学，言語の習得や文化理解を目的とする海外の大学主催のサマースクール，学位の取得を目的とする大学の学部や大学院留学，海外でのインターンなどです。こうしたチャネルを通じてグローバル就職活動の第一歩を踏み出します。また，前述のように，求職者と企業側を結びつけるマッチメーカーとして，フェイスブックなどのSNSを利用するケースが目立っています。グローバル人材を対象とする人材紹介会社を利用する場合も増えてきました。大学を卒業したばかりの若い世代は人材紹介会社を通じて海外就業のノウハウを学び，比較的年齢の高い求職者は，自分の得意とする専門技能にマッチした海外の企業を，人材紹介会社を通じて検討できるからです。

　次に，東アジアの人材が海外就業を目指す歴史的背景や社会的背景について簡単に説明しておきましょう。台湾では，国民党政権の国家主導による開発独裁が長く続き，労働組合の設立が禁止されていました。1980年代から1990年代にかけて，アジアのフォー・ドラゴンズ（香港，シンガポール，韓国，台湾）の一員として飛躍的な経済成長を果たしましたが，その後，中国の追い上げなどで給与水準は下落，長期にわたって組合活動が規制されていたことから民主化後も給与水準の伸びが悪く，台湾の最高学府，国立台湾大学を卒業しても初任給は月収ベースで14万円から16万円程度です。同大学の大卒二年目の年収

は，医師や理系人材を除くと160〜280万円で（ETtoday新聞網，2020年10月8日），日本の平均的な社会人二年目の年収200〜300万円を下回ります。

　台湾国内で給与水準が高い職種は医師，研究開発部門のエンジニアで年収は370〜600万円にのぼります。こうした職種以外の一般の大卒は年収200〜300万円程度で，日本のような終身雇用制度や年功型賃金も存在しないため，転職しなければ昇給のチャンスはありません。しかし，グローバル経済競争は厳しくなる一方で，半導体や液晶パネルなど主要な産業で中国の競合メーカーの激しい追い上げに直面しており，台湾企業の経営体力は相対的に弱まっています。産業の空洞化で非正規雇用が増加，雇用不安にあえぐ若者たちを中心に非婚化・晩婚化が進み，少子高齢化もアジアで最も深刻化しています（林ほか，2011）。

　1994年における台湾の大学進学率は57.38％でしたが，2009年には95.56％に上昇しています（教育部，2010）。儒教思想を重んじる文化的背景から教育に熱心な父母の要請を受け，台湾の文科省に相当する教育部が職業教育中心の専科学校を次々と四年制大学に昇格させたことが主な原因です。大学進学が当たり前といった風潮で，最近では修士号，博士号を取得しなければ一流企業に採用されないと考え，大学院に進むケースも増えてきました。しかし，台湾経済を取り巻く環境は厳しくなる一方で，高学歴人材の受け皿は乏しく，実力に見合った条件の就職先は国内で容易には見つからないのです。台湾経済は主に半導体などのハイテク産業に支えられており，アップルなどの有力な米国企業に半導体製品を供給するなどグローバル・サプライチェーンにおける重要な役割を担っています。しかし，ハイテク産業にリソースが過度に集中し，ほかの産業の育成が軽視されてきました。エンジニアやハイテク産業関連の営業職は高い賃金が得られますが，ハイテク以外の産業の賃金水準が極めて低く，職種も限られており，台湾全体で見ると産業育成の多様化が進んでいません。こうした状況も台湾の人々が海外での就業を目指す大きな要因になっています。

　韓国では，大企業と中小企業の賃金格差が大きく，中小企業の給与水準は大企業の6割程度で，30代で平均年収は300万円前後です。一方，SKグループやサムスンなどの大企業になると約1200万円にのぼり，大企業と中小企業の賃金格差は極めて大きいのです。韓国の大学進学率は約70％と日本の55％を大きく上回っています。しかし，こうした大卒人材が国内のわずか0.1％程度の一流企業を目指すため，採用される新卒者は国立のソウル大学校か，私立名門の延世

大学校，高麗大学校などトップ大学の卒業生に限られます（安，2020）。台湾の状況と同様，高学歴人材に見合うだけの好条件の就職先を韓国国内で見つけることは著しく困難です。

　このように，台湾や韓国では大学進学率が日本を大きく上回り，また，新卒採用が主流で大学院卒の就職が一般的ではない日本に比べて大学院進学者が多いという傾向があります。しかし，その一方で，国内に十分な受け皿がないため，海外での就職活動が一般化しつつあるのです。以下の節では，高度外国人材が海外で仕事を探す場合のチャネルを分析するための労働市場仲介機能（LMI）の理論について考察し，さらに，こうした東アジアの高度外国人材の受け皿として注目を浴びる日本の状況について検討します。

3 労働市場仲介機能（LMI）の理論的背景と東アジアの労働市場への影響

　人材仲介業は，米国で第二次世界大戦が終結した後，正式な企業組織となり，1970年代以降急速に発展しました。外部労働市場の発展に伴い，人材と雇用者を仲介する中心的なプラットフォームとして機能し始めたのです。人材仲介会社はその多くが人材派遣業務も兼ねており，したがって，この研究ではヘッドハンティング会社だけでなく，人材派遣および人材の管理とトレーニングに焦点を当てた人事コンサルティング会社も取り上げています。人材紹介会社または人材派遣会社であっても，それらは外部労働市場で求職者と人材を求める企業側を仲介する役割を果たしています。政府の雇用市場の緩和規制の影響を受けて，人材仲介業は従来の企業組織主導の給与調整メカニズムに変化をもたらし，給与構造にも大きな影響を与えるようになりました（Theodore and Peck, 2002: p.463）。いくつかの経済的な不況を経て，例えば，2001年のドットコムバブル崩壊による経済低成長期や2000年から2004年までの大規模な失業の波など，人材仲介業は米国の労働市場をフレキシブルなものにする要因となっています（Peck and Theodore, 2007: p.171）。約70年の発展の過程で，人材仲介業は中西部の小規模な仲介会社から，現在の大規模な人材リソース機関へと変遷し，国際的な事業モデルを展開しています。米国の大手人材仲介業は，東南

アジア，南米，東欧などの雇用市場に進出し，これらの人事コンサルティング会社の機能は，外部労働市場を通じて求職者により多くの仕事の機会を提供し，絶えずフレキシブルな労働市場の形成を促進しています（Ward, 2004）。

　台湾の給与が長期間低迷しており，マスメディアは人材流出の危機を頻繁に報じています。国内のメディアでは人材流出の原因について盛んに議論されており，メディアの分析は大まかに二つの見方に分かれています。一方では，台湾経済が中国本土に対して閉鎖的な産業政策を採用し，産業の空洞化が引き起こされ，投資環境の悪化が人材流出を加速させているとする見解があります（中時電子報，2017年4月2日）。もう一方の見解では，台湾の産業界が労働者に対して非常に過酷な環境を与えているとされています。1995年以降，台湾の平均給与はほぼ上昇しておらず，3分の2以上の台湾の労働者が中小企業で働いているにもかかわらず，給与は離職時や雇用主との交渉時に誠意を持って調整されるまで上がらないとされています。外国企業は一般的に，台湾の人材は「物美価廉（質がよく価格も安い）」であると誤解し，抗議やストライキには積極的に参加しないと考えています（自由時報，2015年3月30日）。過去40年近くにわたり，台湾の科学技術産業，半導体や液晶パネル産業などは，グローバルおよび東アジアのサプライチェーンで重要な役割を果たしてきました。既存の研究でも示されているように，台湾の科学技術産業が国際的な技術コミュニティネットワークを通じて人材を導入し，鍵となる技術の暗黙知を迅速に取り入れたことが示されています。2000年代初頭以降，欧米および日本の人材仲介会社が台湾に進出し，国内の科学技術産業に対して外国人材を雇用する経路を提供したのです。

　科学技術の革新，激しいグローバル競争，および企業再編の進展に伴い，労働市場はますます複雑に変化し，予測不可能な状況が表れています。不安定な労働市場と頻繁な転職の影響を受けて，求職者だけでなく，ますます多くの雇用主も「第三者仲介者」の求人と採用のサポートを必要としています。この傾向の下で，過去20年間で，「派遣支援機関」は欧米の労働市場に浸透しています（Benner, 2003: p.621）。Benner（2003）は，地域発展の観点から，米国のシリコンバレーの技術企業（雇用者）と高度技術労働者の間の「労働市場仲介機関（LMI）」の役割を探究しています。彼の分類によれば，LMIは以下の三つのタイプに分類されます：

「プライベートセクターの仲介」
「メンバーベースの仲介」
および「パブリックセクターの仲介」

「プライベートセクターの仲介」は人材派遣会社を指し，シリコンバレーの技術企業は人材派遣会社を通じて組み立て作業員，運送作業員，および事務作業員などの周辺労働力を雇用し，同時に高度技術者やコンピュータの専門家などの中核的な労働力を探し，評価します。「プライベートセクターの仲介」には次のような代表的な企業組織が含まれます：

派遣支援会社
コンサルタント仲介会社
人材銀行ウェブサイト
および専門的な雇用組織など

派遣支援会社は，すべてのLMIの中で最も知名度が高く，急速に発展しているビジネスモデルです。このビジネスモデルは徐々に技術企業の人事管理システムに統合され，長期の契約を通じて顧客の作業場で従業員の管理と採用サービスを提供します。コンサルタント仲介会社は派遣支援会社とは異なり，彼らは主に中級から上級の専門職を提供し，これらの上級人材を客先の契約職に派遣します。人材銀行ウェブサイト企業は，1994年から米国で急速に発展しているLMIで，あらゆるタイプの仕事の人材を提供しています。これは仮想的なLMIであり，産業団体と求職者の間のリンクの役割も果たします。プロフェッショナルエンプロイヤーオーガニゼーションも派遣支援会社と同様に，求職者の法的雇用者の役割を果たし，応募者を客先企業に派遣します。ただし，派遣支援会社と異なり，客先企業に派遣される労働者は契約労働者ではなく，正規の正社員となります。LMIの第二のタイプは「メンバーベースの仲介」であり，これには専門組合，産業団体，およびそのほかの労働組合などが含まれます。これらのメンバー組織は，一般的な求人と求職情報の提供に加えて，人材トレーニングなどのサービスも提供しています。第三のタイプのLMIは「パブリック

セクターの仲介」であり，公共部門が求職者と雇用主の仲介役割を果たします。例えば，政府機関は障害者に適した職場を見つけ，成人教育の機会や人材トレーニングなどのサービスを提供します（Benner, 2003: pp.623-625）。Bennerの分類は，多様なサービスモデルを含むことを示しており，人材仲介業は仕事の需要の迅速な変化を促進し，仕事の技術向上と柔軟性を加速させています。

　社会資本理論の先行研究は，社会資本が個人の社会的な移動におよぼす様々な影響に焦点を当てており，求職，給与，昇進などが含まれます（林ほか，2010: p.121）。Granovetter（1973, 1974, 1995）およびLin（1990, 1999, 2001）は，弱い結びつきの観点から求職に対する社会資本の影響を探っており，彼らの一連の研究結果は，血縁関係や親しい友人などの強い結びつきだけでなく，友人の友人や軽い知り合いなどの弱い結びつきが，求職者が職場で異なる地位の人々と知り合い，多様な仕事の機会を獲得しやすくすることを示しています。Bian（1997）の研究結果によれば，1988年に中国天津市で行われた研究では，中国社会では強い結びつきが重要な求職経路を担っていました。2009年に中国の8つの都市で行われた研究では，求職者が最初の仕事を見つける際には通常，親の人脈などの強い結びつきが必要でしたが，転職時には強い結びつきに頼る一方で，弱い結びつきにも高い確率で頼るようになりました（Huang and Bian, 2015）。米国の人類学者Gershon（2017）の研究によれば，「職場のコネクション（workplace ties）」は，求職プロセスにおいて社会的ネットワークよりも職場の人間関係（組織内および組織間を含む）が鍵となる要素です。彼女は，2012年から2013年までの期間にカリフォルニアのサンフランシスコベイエリアで就職した高学歴ホワイトカラーのプロフェッショナル380人を対象にした求職戦略のデータを分析し，社会ネットワークが求職に対して肯定的な影響を与える一方で，1970年代初期と比較して重要性が低くなったことを明らかにしました。1970年代初期には，求職者の26%が企業や新聞の求人広告などの正式な応募手段を通じて仕事を見つけ，残りの約74%が社会ネットワークを通じて仕事の機会を獲得していました。しかし，Gershon（2017）の研究結果によれば，2010年初には，求職者が社会ネットワークを通じて仕事を見つける確率が37.5%に低下し，35%の求職者がリクルーターや人材仲介会社を通じて仕事を見つけ，26%の求職者がインターネットの公開求人情報を通じて雇用機会を得ています。さらに，61%の求職者は，現在の仕事を見つける際に，求職者の仕事能力を理

解する人物が求職者にとって最も肯定的な影響をもたらすと考えています。この「職場のコネクション」は，仕事場やキャリアの中で出会った上層部や影響力のある人々が求職者をサポートし，雇用者に彼の仕事能力を説明し，保証するための最も重要な信頼メカニズムです。Gershon（2017）は，1970年代初期には求職者と雇用者が仕事の機会を見つけるのに，会社や新聞の求人広告などの正式な手段や人脈しか利用できなかったと指摘しています。しかし，現代社会は1970年代初期とは異なり，インターネットが伝統的なメディアの生態系を変え，ネット上の公開求人情報が弱い結びつきの役割を代替しています。求職者は世界中から様々な仕事を検索でき，自分の理想の仕事や職場を評価しやすくなりました。求職者にとっての課題は，自分の仕事能力を評価し，仕事に適したと思われる上司に出会う方法です。インターネットの求人情報は求職者に多様な仕事の機会を提供し，従業員の転職率がますます高まっています。組織を超えた人材流動が頻繁になると，伝統的な社会ネットワークは徐々にインターネットの求人活動に取って代わられ，そして「職場のコネクション」は仕事の領域での組織を超えた専門コミュニティネットワークが，求職者が仕事を獲得する際に果たす決定的な役割となります（Gershon, 2017: pp.104-109）。

　前述の研究結果は，過去の雇用市場では，強いつながりや弱いつながりなどの伝統的な社会ネットワークが求職者に様々な仕事の機会を提供していたことを示しています。しかし，インターネットの登場により，求職者はウェブ上の求人情報を通じてより多様な仕事の機会を評価でき，求職者は「職場のコネクション」を通じて自分の仕事能力や評判を伝え，求職者はこの仕事関連のネットワーク情報を参照して人材を評価します。Gershonは，伝統的な社会ネットワークと「職場のコネクション」はそれらの利点を維持しているものの，急速に発展するグローバルなインターネット募集のトレンドでは，求職者の中には人材仲介業などのLMIを通じて仕事を見つける傾向が増えていると考えています。例えば，2000年初頭の米国のシリコンバレーでは，求職者の4分の1が過去3年間に人材仲介業を通じて仕事を見つけたとされています（Benner, 2003: p.625）。シリコンバレーでなぜ多くの求職者が人材仲介業を通じてハイテク産業関連の仕事を見つけるのでしょうか？　Benner（2003）は，人材仲介業などのLMIが労働市場で次の三つの役割を果たしていると考えています：

取引コストの削減
　　求職とリクルートの社会的ネットワークの構築
　　およびリスク管理

　労働市場では，求職者と人材を求める企業側は膨大な情報の中からお互いを
見つけ，給与水準などを協議する必要があります。この交渉のプロセスでは，
LMIを介した人材の動きと転職の確率が高まり，労働市場の取引回数と頻度が
相当に多くなり，また，ハイテク業界の求職者が高い技術的特異性を持ってい
るため，「資産専門性」の影響を受けて，非中央集権的な自由市場では迅速に理
想的な人材を見つけることが難しく，給与の交渉も難しいという不確定要因が
多く発生します。この市場の失敗の結果，独立したLMIが求職と人材のリクル
ートの双方の仲介機能を提供し，取引コストを低減し，円滑に交渉できるよう
にします。求職と人材を求める企業側の社会的ネットワークを構築するために，
派遣助成会社は大手企業の人材リソース管理システムに統合され，クライアン
トとの長期契約関係を築き，クライアントに対して管理人材とリクルートサー
ビスを提供します。この長期の協力関係の中で，人材管理と行政作業の付加価
値が蓄積されます。コンサルティング仲介会社，専門組織，様々な職業トレー
ニング，人員配置計画なども，企業の人材管理技術と組織の革新プロセスにお
いて重要な役割を果たしています。また，LMIは労働市場で蓄積された社会ネ
ットワークを通じて，求職者に富んだ採用情報を提供し，人材を求める企業に
も提供します。リスク管理に関して，ハイテク産業の技術革新の速度は非常に
速いため，安定した産業生産体制とは異なり，リスクが非常に高い労働市場が
生じやすくなります。例えば，一時解雇，長期失業，収入の減少，技術の陳腐
化，金融危機などが挙げられます。企業が経済的な不況に直面すると，雇用者
はLMIを通じて正規の従業員の雇用を遅延させ，契約社員を削減することがで
きます。経済が低迷する際には，人材仲介会社の役割が失業状況を悪化させる
ことが確かです。しかし，一方で，失業者はLMIを通じて失業期間を短縮し，
新しい仕事の機会を見つけやすくなります。人材仲介会社は失業者に職業訓練
などの教育機会を提供して彼らの雇用可能性を向上させ，それにより求職者は
失業時の衝撃を和らげることができます（Benner, 2003: pp.625-628）。Benner
（2003）の研究結果は，情報と知識経済の発展の過程で人材仲介会社が地域の労

働市場の調整メカニズムとして非常に重要であることを示しています。ますます多くの研究や，ビジネスが企業間の協力関係を通じて行われている中，人材の転職が常態化し，技術知識の組織を超えた移動と人材の流動性が高まり，企業自体が労働市場と採用の効率をコントロールしにくくなっています。過去の内部労働市場と雇用者との長期的な関係を基盤とした従来の雇用市場は崩れ去り，この状況下でLMIは求職者と雇用者を結びつける「市場創造者」となりました。技術の革新が迅速なハイテク産業において，人材仲介会社は雇用市場の人材取引を推進する中心的な役割を果たしています。

4 東アジアの産業競争力の変化と人材の国際間流動

　現在，東アジアにおける日本，台湾，韓国，中国などの国々の力関係は日本が米国をしのぐほどの経済力，技術力を誇っていた30数年前とは全く異なっています。1989年の時点では，日本企業が世界時価総額ランキングの1位から5位を独占していました。時価総額とは株価に発行済株式数を乗じたもので，この金額から企業の経営規模を判断することができます。2019年の世界時価総額ランキングを見ると，アップル，マイクロソフト，アマゾン・ドット・コム，フェイスブック，グーグルなどの米国企業がトップを占め，さらに，アリババ・グループ・ホールディングスやテンセント・ホールディングスなどの中国企業がベストテンに食い込んでいます。1989年の時点では，上位50社中32社を日本企業が占めていましたが，2019年のランキングは，米国企業が31社，中国企業が7社ランクインし，日本企業は43位にトヨタ自動車がランクされているのみです（高橋，2019）。

　1989年当時，大手通信事業のNTT，日本興行銀行，住友銀行，富士銀行，第一勧業銀行といった金融大手がIBMなどの米国企業を抑えて大きく成長していました。しかし，その後のバブル崩壊で景気が悪化，銀行は不良債権を抱えて経営不振に苦しみます。さらに1990年代に入ると韓国や台湾企業が半導体や家電など，製造業で日本企業の技術水準にキャッチアップし，追い打ちをかけるように金融自由化の影響で大手証券や銀行の経営が危機に直面しました。長らく国家の庇護の下，国内企業に資金を安定的に供給していたメガバンクですが，

自由化政策で厳しい市場競争に叩き込まれ，最近ではフィンテック企業の台頭でさらに苦戦を強いられています（佐藤，2020）。

このように，日本企業のグローバル経済における立ち位置が30年前と大きく変わったため，東アジアにおける人材の国際間移動も顕著に影響を受けています。前述のように，日本の製造業が競争力を失う中で，日本人技術者が台湾，韓国，中国の企業に雇用されるケースが増えています。また，日本企業も，中国，東南アジア，ロシア，インド，東ヨーロッパ，アフリカなど新興国市場のニーズに合った製品を生産し，販売できるような能力を持ったグローバル人材を海外から採用する必要に迫られています。

1980年代に無敵を誇った日本の製造業ですが，当時，日本企業は優れた品質を武器に世界市場を席捲しました。これを筆者は「品質偏重型コモディティチェーン」と名づけています（Tabata, 2021）。コモディティチェーンとは，商品が生産者から消費者に届けられるまでの一連のプロセスを意味しています。具体的には，商品の企画や研究開発，マーケティング，原材料や部品などの中間財の調達，最終製品の組み立て，販売店への出荷を経て，最終製品が消費者の手に届けられる一連の流れです（Bockel and Tallec, 2005: p.4）企業が商品を企画し，製造し，販売するコモディティチェーンにおいて，日本企業は品質向上に注力し，より高い品質の製品を消費者に提供する努力をしてきました。

品質至上主義とも言えるこの「品質偏重型コモディティチェーン」において，日本企業はまず，日本国内の品質に並々ならぬこだわりを持った消費者が満足できるような製品を提供しようと考えたのです。東アジア市場において，日本の総人口は中国を除くと約1億人と規模が比較的大きいです。また，近隣の韓国，台湾，中国に比べて経済成長のテイクオフ時期が早かったため，十分な購買能力を持ち，商品の価値を熟知した消費者が多く存在しています。こうした要因から，日本企業は，国内市場のニーズを満足させることに注力しました。

日本企業が製造する自動車，半導体，家電製品など，高い品質と耐久性が評価され，国内市場のみならず，世界市場でも注目を浴びるようになります。しかし，日本製品のグローバル市場における栄華は長くは続きませんでした。前述のように，バブル崩壊で日本経済が衰退期に入ると，1980年代から後半にかけて次々と民主化を達成した韓国や台湾の製造業が日本の技術力に追いついてきます。韓国は1980年代まで軍事独裁政権による支配が続き，強権的な経済政

策は製造業の急速な成長を促しました。その後民主化が達成されると国民の自由な発想や創造性が発揮されるようになり，政治や社会，文化の成熟を促し，産業全体のステップアップやイノベーションにつながったのです。さらに，中国などの新興国市場の登場で，こうした市場のニーズにマッチした手ごろな価格で質の良い商品が求められるようになりました。そこで登場するのが「消費者重視型コモディティチェーン」です。

　製品開発で消費者のニーズを重要視するのは当然のことですが，実際にニーズを的確に把握して開発に生かすことは至難の業です。日本の製造業は品質に対して特に日本人の品質に対する高いこだわりを反映した商品づくりを目指してきました。この「品質偏重型コモディティチェーン」においては，既存のマーケットのルールを塗り替えるような製品コンセプトのダイナミックな変化を求めるよりも，マイナーチェンジを繰り返しながら品質の徹底的な改善を行っていく姿勢が重要です。すなわち，衝突を生むような大胆な改革を嫌い，和を尊び，落ち着いた環境でよりクオリティの高い商品やサービスを享受したいという日本人の消費文化を的確に反映したものなのです。

　一方，韓国や台湾企業が展開する「消費者重視型コモディティチェーン」戦略は，日本という特殊な市場ではなく，中国などの新興国市場を含む世界市場のニーズを考慮しています。品質にこだわりのある特殊なマーケットを狙うのではなく，消費者のニーズに合わせて必要な品質レベルの製品やサービスをリーズナブルな価格で提供します。韓国の人口は約5000万人で日本の半分ほど，さらに台湾の人口も2500万人とさらに少なく，国土は九州程度の広さしかありません。そこで，韓国と台湾企業は海外市場の開拓を意識せざるをえませんでした。1990年代以降，韓国や台湾企業は，中国などの新興国市場に日本との技術提携や協力関係を通じて学んだ技術力を生かして切り込み，現地の消費者の生活水準や生活様式にマッチした商品やサービスをリーズナブルな価格で提供しているのです。

　このように，過去20年から30年間のグローバル経済の発展過程で，東アジア各国の勢力地図に大きな変化が起こりました。すなわち，1980年代に米国経済に脅威を与えた「品質偏重型コモディティチェーン」において，日本企業が日本の国内市場向けに特にクオリティにこだわった製品を提供し，価格を抑えるために一部の製造工程を台湾や韓国企業にアウトソーシングしたため，後発

のこれらの企業が日本の技術を学ぶ機会となりました。1990年代以降，力をつけてきた韓国や台湾企業がイノベーションにおいても実力を発揮するようになり，リーズナブルな価格で質の良い製品をグローバル市場向けに販売するようになったのです。これが「消費者重視型コモディティチェーン」です。このような東アジアにおけるコモディティチェーンの劇的な変化は，日本の雇用市場や東アジアの人材の流動性に非常に大きな影響を与えています。

　「消費者重視型コモディティチェーン」において，新興国市場の消費者の様々なニーズに迅速に対応するためには，スピーディな技術開発や新商品の投入が不可欠です。日本のものづくりは，終身雇用や年功型賃金に守られて技術者が長期にわたってじっくりと腰を落ち着けて研究開発に取り組むという特徴があります。しかし，その一方で，マーケットの変化に柔軟に対応しにくいという欠点があります。新興国市場が次々と立ち上がる中で，日本企業はグローバル市場の変化に迅速に対応できる海外の人材を導入する必要に迫られています。そこで，人材紹介会社を通じて海外の優秀な人材を採用するケースも増えてきました。海外の求職者もまた人材紹介会社を利用することで，仕事探しで直面する文化ギャップを回避してスムーズに日本での就職活動を行えるようになりました。

　筆者が実施したインタビューで，日本の大手人材サービス会社の人材紹介事業部ゼネラルマネジャーは，東アジアのコモディティチェーンが日本企業主導の品質偏重型から韓国や台湾，中国企業が主導の消費者重視型へと大転換を果たすプロセスで，日本の製造業は深刻な人材不足に直面するだろうと予測しています。主な原因は，少子高齢化の影響で，若い世代の人材が減少していることや，企業のコスト圧力でミドルやシニア層の人材がリストラなどで解雇され，再雇用で不安定かつ綱渡りのような状況に置かれるようになったため，戦力として疲弊するケースが増えたためです。さらにロボットを利用した高度自動化，研究開発も自動化が進められ，日本国内での人材育成がますます難しくなっていくと見ています。また，理系人材が日本国内で減少していることも人材不足や日本の製造業全体の衰退へとつながっています。

　前出の人材サービス会社のゼネラルマネジャーによれば，日本では理系の学生がインターネット関連など情報系や，文系の職場に就職するケースも多く，製造業における技術者の人口が減少していて，内閣府など政府筋の見解も日本

における製造業の縮小が予想されています。しかも，ソニー，東芝，パナソニックなど，家電大手の大規模なリストラの影響で，製造業に従事する技術者や営業・マーケティングなどの人材も2000年以降，東アジアを中心とする海外に流出しており，就職氷河期の影響も相まって50代から70代のベテランエンジニアや営業・マーケティングのスペシャリストが業界の人脈を通じて韓国のサムスンやLG電子，台湾の同業他社に採用されて海を渡りました。また，中国の自動車工場にも日本人エンジニアが採用されるようになりました。さらに2008年にリーマンショックで世界的な金融・経済危機が発生すると，日本の製造業の苦境はますます深刻化し，30代など比較的若い世代の日本人も日本国内の人材紹介会社の仲介を通じて韓国，台湾，中国など東アジアで働くケースが増えてきました。日本の人材紹介会社の東アジア支社に現地企業から日本人を採用したいというオファーも増えました。

　前出の人材サービス会社のゼネラルマネジャーは，2000年当初の日本人技術者や営業・マーケティング人材の東アジアへの流出を第一波と呼び，2008年のリーマンショック後の状況を人材流出の第二波と見て，状況が大きく変わったことを指摘します。すなわち，2000年当時は国内の家電大手などで経験豊富な50代以上の技術者や営業・マーケティングの人材が，成長著しい韓国，台湾，中国のハイテク産業で自らの経験を活かし，新しい可能性に挑戦したいという前向きの海外転職が中心でした。しかし，2008年以降の第二波では，リーマンショック後の大不況で仕事が見つからず海外で仕事を探すというネガティブな海外就業の傾向があったということです。

　しかし，その一方で，大手人材サービス会社の海外支援戦略室に寄せられる案件から，近年，日本から海外を目指す就業の在り方が変わってきていることも分かります。日本人が海外で働くという場合，東アジアの他国との決定的な違いは，企業の駐在員として赴任するケースが大多数を占めていることです。組織から派遣されて海外で働くという場合が多く，個人単位で海外の就業ルートを開拓して現地企業で働いたり，起業したりしたケースは少なかったのです。一方，韓国，台湾，中国の人々は留学や研修制度などあらゆるチャネルを活用して個人単位で海外の就業機会を獲得し，移民など長期的に海外に居住するケースが一般的です。しかし，最近の傾向としては，日本人の若者たちもほかの東アジアの人々と同様に，駐在員として海外で働くというよりも，インドネシ

ア，マレーシア，タイ，フィリピンなど東南アジアに単身乗り込んで現地採用で働きながら厳しい環境で自分を磨きたいというケースが出てきました。そして，このような日本人の若者たちは理系や文系に限らず，新天地で可能性を切り開きたいと考えています。

　日本は未曾有の少子高齢化社会に突入し，人材が減少しつつあります。また，経済成長が鈍化し，家電などの製造業が力を失う中で，企業は終身雇用などの安定的な長期雇用を維持しにくくなり，人材を育てる力が相対的に弱くなっています。海外で自分の可能性を切り開こうとする日本人の若者が登場する一方で，日本国内の人材不足から，海外の人材をグローバル人材として雇用する企業も増えています。前述のように，「消費者重視型コモディティチェーン」が主流となる中で，新興国市場のニーズに迅速に対応できる商品の企画や製造が求められているため，理系人材のほか，英語など語学に堪能で，海外市場でマーケティングも担当できるような海外の人材が人気を集めています。次節では，東アジアの人材が日本の就業市場を目指す状況や，人材サービス業の役割について詳述していきます。

5 グローバル人材サービス業の果たす役割

　前節で述べたように，「品質偏重型コモディティチェーン」で主導的役割を担っていた日本企業ですが，新興国市場向けに手ごろな価格で質の良い製品をタイムリーに投入する「消費者重視型コモディティチェーン」が主流になるにつれて，海外市場で製品を売り込める，グローバルセンスのある人材が求められるようになりました。筆者がインタビューを行った，日本の大手人材サービス会社の台北支店で活躍している台湾人シニアマネジャーは，日本企業は優れた研究開発能力を持っているが，海外市場でのマーケティング力は不十分であると述べています。すなわち，日本人は「消費者重視型コモディティチェーン」のビジネス戦略に適応できないと言うのです。

　　「中国のハイテク産業のマーケティングでは，日本のビジネスマンは戦力になりません。日本人は技術には長けていますが，販売スキルには長けてい

ないからです。日本人の営業スタイルは中国人のそれとは全く違います。日本人は非常に慎重で，売り込むために大口を叩くことはありません。日本人は常に目立たないようにしています。中国人ビジネスマンは日本人ビジネスマンとは全く違います。中国人のビジネスマンは，大言壮語ですぐに契約をまとめてしまいます。このようなコミュニケーションスタイルは，中国のお客様のニーズに合っています。中国のお客様が一番気にするのは，品質よりもコストパフォーマンスなのです。日本のビジネスマンは，エンジニアリングは得意ですが，セールス・マーケティングは苦手です。エンジニアリングのスキルは，セールス・マーケティングのスキルとは全く違うのです。そこで，日本の液晶パネルメーカーから，技術について知識のある中国人を採用し，中国支社でマーケティング業務を担当させたいので適当な人材を探してほしいという依頼がよく来ます。」

（日系人材サービス会社の台湾人シニアマネジャー談）

　このように，控えめで慎重な日本人の営業スタイルは，グローバル市場で自信がない，あるいは積極性がないと誤解され，効果を発揮しにくいのです。少々大言壮語な印象を与えるかもしれませんが，中国人や台湾人ビジネスマンの自信にあふれた様子がコストパフォーマンス重視の中国人顧客の心をがっちりとつかむのでしょう。

　スイスのローザンヌに拠点を置くビジネススクール，IMD（国際経営開発研究所，Institute for Management Development）が発表した国際調査「2020年世界人材レポート，World Talent Report 2020」によれば，日本の人材の世界競争力は58.424のスコアを獲得しましたが，前年の35位からランクを下げて世界63か国中38位でした。この人材の世界競争力ランキングは，人材を育成する教育環境，生活費や生活の質，所得税率などの海外の優秀な人材を引きつけるような制度的基盤や，熟練労働者の比率，グローバル経験，外国語能力など，グローバルなセンスのある高度人材が多く存在するかなど30項目の指標で競争力を数値化しています。シンガポールや近隣の韓国，台湾，香港などの獲得したスコアと比較すると，日本の劣勢は明らかです（図表3-1参照）。中国も40位と日本に迫っていて，毎年ランクを上げています。

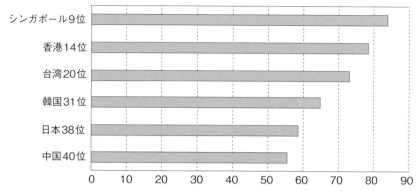

図表3-1　アジア主要国の人材競争力ランキングと獲得スコア

出所：IMD "World Talent Ranking 2020" を参考に作成。

　特に日本の人材の世界競争力スコアを押し下げたのは，「（管理職の）グローバル経験」と「外国語能力」の指標です。日本の人材は「（管理職の）グローバル経験」の指標で63か国中最下位となりました。また，「外国語能力」の指標でも62位（最下位はブラジル）でした。ほかのアジア諸国では，「（管理職の）グローバル経験」と「外国語能力」の指標で，シンガポールが7位と11位，香港が4位と25位，韓国が39位と38位，台湾は34位と33位にランクされました（図表3-2および図表3-3参照）。日本の人材は，英語など外国語を日常的に使わない韓国や台湾の人材に比較しても，全般的に語学能力が低く，また管理職クラスの人材の海外経験が乏しく，グローバル人材が著しく不足していると考えられています。

　日本の人材は，終身雇用や年功型賃金などの制度や規範の影響で，転職が以前に比べると増えてきたとは言え，他国に比べると一般的ではありません。そこでは，社内で長期的にスキルを磨き，経験やノウハウを蓄積していくことができます。理系人材を例にとると，社内の研究開発部門で長い時間をかけて研究開発を行い，新しい技術や製品，サービスを開発していきます。このエンジニアリング能力が，日本企業の競争力になっているのです。しかし，グローバルなコミュニケーション能力が圧倒的に不足しているために，海外マーケットの開拓で中国などのグローバル人材に遅れをとってしまいます。特に新興国市

図表3-2　アジア主要国の人材のグローバル経験値ランキング

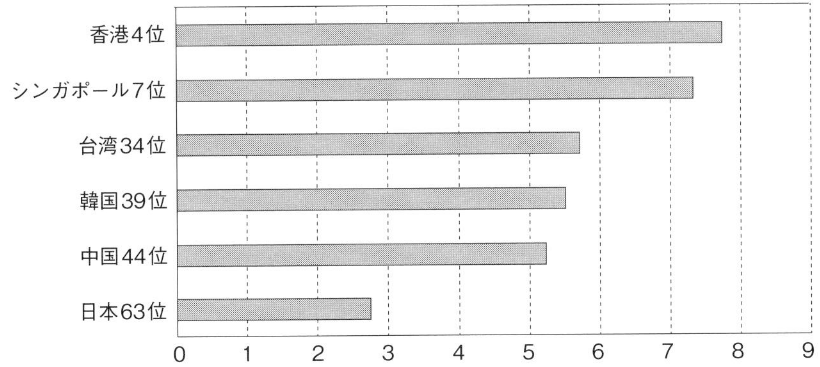

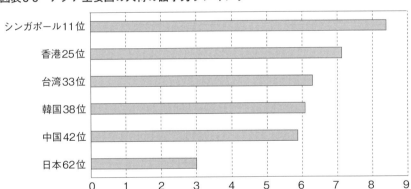

出所：IMD "World Talent Ranking 2020" を参考に作成。

図表3-3　アジア主要国の人材の語学力ランキング

出所：IMD "World Talent Ranking 2020" を参考に作成。

場のマーケティングでは，顧客のニーズの変化に柔軟に対応できるような製品およびサービスの生産・供給体制が求められています。

　1990年代後半から2000年初頭にかけて，中国の巨大な消費市場の成長で，東アジアでは中国市場の多様なニーズに対応できるような製品およびサービスのフレキシブルな生産・供給体制の構築が進められました。特筆すべきことは，この時期にちょうど日本，台湾，韓国などの東アジア諸国で人材紹介や派遣な

どの求職者と企業を結びつける人材サービス業が成長し，ビジネスを拡大していったことです。東アジア高度人材の国境を越えた流動は，人材サービス業を中心とするグローバル就職活動のチャネルが多様化する中で，ますます活発化しようとしているのです。

　日本では1985年に労働者派遣法が施行され，人材の派遣や紹介業が合法化されました。さらに1990年代から2000年にかけて，終身雇用や年功型賃金など，長期的な雇用を守る制度が徐々に崩壊し，人材派遣や人材紹介などの人材サービス業が大きく発展しました。2008年のリーマンショックの影響で成長がやや鈍化したものの，労働者派遣事業や職業紹介事業などを合わせると2014年には市場規模が8兆3504億円に達し，成長を続けています（Oka, 2021）。日本における人材サービス業は，日本人で海外留学している人材や，日本で学ぶ外国人留学生にもサービスを提供するようになり（長峰，2017），人材派遣大手のパソナグループは，カナダや米国のほか，香港，中国，韓国，台湾，ベトナム，マレーシアなどアジアの主要地域に人材紹介のグローバルネットワークを構築しています。また，終身雇用や年功型賃金のような長期的な雇用が定着していなかった台湾でも，人材サービス会社を利用して働き口を探すという方法が注目を浴びるようになり，2000年以降，人材派遣や人材紹介会社の仲介で働く被雇用者が増えています（中華民國統計資訊網，2011）。

　韓国では，米国の人材サービス業最大手のマンパワーグループが1999年に合弁で現地に支社を設立，2011年にパソナグループがパソナコリアを設立，ローカルの人材サービス業も立ち上がり始め，韓国企業のグローバル化を追い風に人材紹介会社の発展が目立ちます。韓国の場合，台湾や日本などと異なり，近年，政府が国を挙げて国内の優秀な人材の海外就職を支援するアウトバウンド事業を推進している点が特徴的です。海外就職，海外研修，海外ボランティア，海外インターン，海外起業といった様々なチャネルを雇用労働部，教育部，外交部，中小ベンチャー企業部などの政府機関が後押ししています（日本貿易振興機構ソウル事務所，2018）。筆者が韓国で現地の日系人材紹介会社のマネジャーに実施したインタビューによれば，韓国政府は民間の人材サービス業者と協力してアウトバウンド事業を展開しています。また，このような人材サービス産業は，ソーシャルメディアなどのITプラットフォームを利用するなど，様々な形で人材と企業を結びつけています。

　2018年6月，筆者は当時教鞭をとっていた国立台北大学社会学部の必修科目「社会科学研究法」で，様々な社会問題について学生たちとフィールド調査を行ってその現状と課題を考えるという授業を行っていました。国立台北大学は台湾の台北市と新北市にキャンパスを有する法律，商学，経済学，社会学，行政学など社会科学系の旗艦大学です。台湾の学生が中心ですが，香港，マカオからの留学生，中国からの交換留学生も少数ですが受け入れています。台湾と香港の学生たちがグループワークで実施したインタビュー調査は，人材の国際間移動を考えるうえで重要な示唆を与えてくれるものでした。

　彼らは，外資系企業を中心に就職活動を行った先輩たち数名（いずれも文系）に取材を行い，マレーシア企業，香港企業，台湾企業，日本企業で採用基準がどの程度異なっているか調べたのです（図表3-4参照）。その結果，顕著な違いが判明しました。「語学力」，「専門知識」，「個人の能力」，「人柄」の四つの評価基準に分けて取材を実施したところ，マレーシア企業，香港企業，台湾企業は英語など「語学力」を特に重視していますが，日本企業はほとんど重視していませんでした。「専門知識」については，ほとんど差異はありませんでした。次に，「個人の能力」について日本企業は軽視していますが，マレーシア，香港，台湾企業はいずれも重視しています。一方，日本企業が採用で特に重視していたのは，「人柄」でした（図表3-5参照）。この部分の文化的な差異は顕著で，日本企業の採用においては，まず人柄重視で，語学力や専門知識，個人の能力などはほとんど重視されていなかったのです。日本企業は欧米企業よりも昇進のペースが遅いものの，アジア系企業の中では賃金水準が高めで，雇用が安定しているというイメージがあるため，台湾や香港の学生たちの間で就職先として人気を集めています。しかし，語学重視，実力重視の評価基準に慣れている台湾や香港の学生たちは，この人柄重視という日本企業の採用基準に驚きを隠せない様子でした。図表3-6は，グループワークで研究成果を発表する台湾や香港の学生たちの様子です。

　筆者は，2019年4月に25年間の台湾での生活に終止符を打ち，日本に帰国し専修大学商学部で教鞭をとるようになりました。ゼミ生たちとサブゼミで就活イベントを開催したり，内定までの道のりについてゼミ生から報告を受けたりするうちに，日本企業が学歴を重視するものの，人柄をかなり重視することが

図表3-4　台湾や香港の学生たちが各国の企業文化について発表

出所：筆者撮影。

図表3-5　アジアの採用基準の異文化ギャップを分析

出所：筆者撮影。

図表3-6　研究発表を行う台湾や香港の学生たち

出所：筆者撮影。

分かってきました。また，筆者が台湾の日系企業数社に実施したインタビューでも，多くの日本人駐在員が頻繁に転職していく台湾人社員に困り果てていました。人柄的にも気の合う仲間と長期的に安定した環境で仕事を行っていく日本の職場の文化が，能力主義で賃金が高く条件の良い職場へと次々と転職していく台湾人の仕事観と大きく異なっていることが分かります。

　このように，同じアジアであっても，企業の採用基準は異なっており，特に日本企業とほかのアジアの企業とは差が大きいのです。パソナ台湾では台湾の求職者と日本企業との文化ギャップをすり合わせ，効果的なマッチメイキングを行うために，2013年から日系企業や日本の現地企業への就職を希望する台湾の求職者向けに「Job博台湾」を開催しています。新卒者や既卒者など主に若者向けの日本企業の説明会ですが，50社以上が参加し，台湾での勤務のほか，日本での就業の道も開かれています。筆者は，パソナ台湾の御好意で2018年5月に台北で「Job博台湾」を見学する機会を得ました（図表3-7参照）。

　半導体関連や建設，飲食チェーンなど様々な業種の日本企業がブース毎に説

図表3-7 「Job博台湾」ポスター

出所：筆者撮影。

明会を開催し，リクルートスーツに身を包んだ台湾の学生たちが熱心に話を聞いています（図表3-8参照）。また，日本と台湾の就職活動の現状に関するセミナーも開催されており，台湾の若者たちが未知の世界である日本の職場に挑戦するうえでのサポートも万全です。新型コロナウィルス感染症が猛威を振るうようになってからは，オンラインで「Job博台湾」を開催しています。

　パソナグループは，2021年11月，インド，ベトナム，韓国のIT分野のエンジニアを日本企業に紹介する「越境リモート人材サービス」をスタートさせました。新型コロナウィルス感染症の世界的な流行で人材の国際間移動も頓挫したと考えられていましたが，在宅勤務が普及する中で，海外の人材が母国に住んだ状態でも遠隔で勤務できるような新しい働き方を支援しています（共同通信，2021年10月19日）。遠隔勤務が普及すれば，自宅にいながらにして気軽に海外の職場にリモート勤務できる時代がやってくるでしょう。採用条件や職場の文化などは国によって異なりますが，人材サービス業が仲介役として間に入ることで文化ギャップを最小限に抑え，グローバル就業がスムーズに行われることが予想されます。

図表3-8　日本企業の就職説明会に参加する台湾の学生たち

出所：筆者撮影。

6 おわりに

　前述のように，中国を中心とする新興国市場の急速な発展は，東アジアにおける企業の付加価値の源泉となるバリューチェーンに大変革をもたらしました。1980年代，日本企業は優れたエンジニアリング能力を武器に国内の消費者向けに，特に品質にこだわったハイエンドの商品やサービスを開発し供給しました。しかし，日本企業の製品やサービスに大きな付加価値をもたらしていたこの「品質偏重型コモディティチェーン」は，1990年代後半から2000年以降，韓国，台湾および中国企業が推進する「消費者重視型コモディティチェーン」に取って代わられることになります。

　「消費者重視型コモディティチェーン」において重要なことは，新興国市場向けに手ごろな価格で質の良い製品を消費者のニーズに合わせてタイムリーに投入するマーケティング戦略です。このように，東アジアにおけるバリューチェーンの転換が起こると，海外市場で製品を売り込めるようなグローバルなコミュニケーションとマーケティング能力に優れた人材が求められるようになっ

たのです。韓国や台湾の企業は当初，日本や欧米企業のハイエンド製品の製造工程を一手に引き受けて技術を学びました。そして，技術やノウハウを修得すると満を持して新興国市場向けに製品やサービスを提供するようになったのです。新興国市場の消費者の置かれている環境は，日本や欧米などの先進工業国の環境とは全く異なります。例えば，インドでは停電や断水など生活インフラが日常的に中断されます。洗濯や調理などの途中で停電や断水が起こることも多く（プラハラード，2010: p.51），こうした不安定なインフラ環境に適した家電製品が必要になるのです。日本企業が得意とする「品質偏重型コモディティチェーン」は，不安定なインフラや文化や生活習慣の差など不確定要素の多い新興国市場では消費者のニーズをつかみにくいのです。

　新興国市場やBOP市場（低所得者層をターゲットとする市場）などが次々と立ち上がる中で，現地の様々なニーズに対応できるようなグローバルなセンスのあるマーケティング能力が不可欠です。日本ではグローバルな経験や語学力のある高度人材が特に不足しているため，近隣の韓国，台湾，中国などのグローバル人材が日本企業の注目を浴びるようになりました。これらの近隣諸国の労働市場は長期的で安定した雇用制度が存在せず，また，競争が厳しく業種の多様性も乏しいため，雇用が比較的安定している日本企業に就職を希望するケースが増えています。そこで，人材サービス会社が日本と近隣諸国の異文化ギャップを調整し，日本企業と海外の人材のマッチメーカーとして活躍しています。このような語学に堪能で国際感覚に優れ，柔軟なマーケティング能力を発揮できる海外の高度人材をどのように育て，日本企業の新しいリソースとして活用できるかが今後の課題になるでしょう。

［参考文献］

〈日本語文献〉

安宿緑（2020）「韓国の若者が『就職難』でも大企業にこだわる訳—食い繋ぐため望まぬ仕事や苦しいアルバイトも—」東洋経済オンライン，2020年9月7日。
　　https://toyokeizai.net/articles/-/373140

Oka, Keyla Keiko（2021）『日本の人材ビジネス 05. 人材ビジネスの市場規模・事業展望』リクルートワークス研究所 グローバルセンター，2021年10月5日。
　　https://www.works-i.com/research/university_business/item/2110_wu_jp05_3.pdf

共同通信（2021）「アジアのIT人材が遠隔勤務—パソナ，日本企業に紹介—」2021年10月19

日。

https://news.yahoo.co.jp/articles/5823ab05d05ea14d319409e983c7ee66fcb4ed3d

酒井千絵（2018）「移動する人々のライフストーリーとグローバル化する『アジア』の変容 —香港・上海就職ブームという対象から—」『関西大学社会学部紀要』第50巻第1号, pp.25-47。

佐藤大和（2020）「メガバンク四面楚歌，地銀は落城危機　日本の論点2021」日本経済新聞, 2020年12月4日。

https://www.nikkei.com/article/DGXMZO66687100W0A121C2I00000/

サッセン，サスキア著，伊豫谷登士翁監訳（2008）『グローバル・シティ—ニューヨーク・ロンドン・東京から世界を読む—』筑摩書房。

高橋和（2014）「人の国際移動をめぐる研究の動向—ヨーロッパにおける人の移動の自由と管理を中心に—」『山形大学法政論叢』第58・59合併号，pp.43-69。

高橋史弥（2019）「平成最後の時価総額ランキング。日本と世界その差を生んだ30年とは？」STARTUP DB, 2019年7月17日。

https://journal.startup-db.com/articles/marketcap-global

長峰登記夫（2017）「グローバル人材の就職と人材サービス業」『人間環境論集』第18巻1号, 法政大学人間環境学部，pp.94-68。

日本貿易振興機構（ジェトロ）ソウル事務所　海外調査部中国北アジア課（2018）「グローバル人材の活用・育成に関する　韓国政府の政策調査」2018年3月。

https://www.jetro.go.jp/world/reports/2018/01/692c93ea49ada35e.html

フロリダ，リチャード著，井口典夫訳（2008）『クリエイティブ資本論—新たな経済階級の台頭—』ダイアモンド社。

プラハラード，C. K.著，スカイライト コンサルティング訳（2010）『ネクストマーケット—「貧困層」を「顧客」に変える次世代ビジネス戦略— 増補改訂版』英治出版。

〈英語文献〉

Benner, C. (2003) "Labour Flexibility and Regional Development: The Role of Labour Market Intermediaries," *Regional Studies*, 37(6&7), pp.621-633.

Bian, Y. (1997) "Bringing Strong Ties Back in: Indirect Ties, Network Bridges, and Job Searches in China," *American Sociological Review*, 62(3), pp.366-385.

Bockel, L., and Tallec, F. (2005) "Commodity Chain Analysis: Constructing the Commodity Chain Functional Analysis and Flow Charts," *EASYPol*, Module 043.

https://www.fao.org/3/bq645e/bq645e.pdf

De Haas, H., Natter, K., and Vezzoli, S. (2018) "Growing Restrictiveness or Changing Selection? The Nature and Evolution of Migration Policies," *International Migration Review*, 52(2), pp.324-367.

Gershon, I. (2017) *Down and Out in the New Economy: How People Find (or Don't Find) Work Today*, The University of Chicago Press.

Granovetter, M. (1974) *Getting A Job: A Study of Contacts and Careers*, Harvard University Press.

Granovetter, M. (1995) "Afterword 1994: Reconsiderations and A New Agenda," pp.139-182 in *Getting a Job: A study of Contacts and Careers*, 2nd ed., edited by Granovetter, M., University of Chicago Press.

Granovetter, M. (2003) "The Strength of Weak Ties," *American Journal of Sociology*, 78, pp.1360-1380.

Hsu, J. Y., and Saxenian, A. (2000) "The Limits of Guanxi Capitalism: Transnational Collaboration between Taiwan and the USA," *Environment and Planning A*, 32, pp.1991-2005.

Huang, X., and Bian, Y. (2015) "Job-search Networks and Wage Attainment in China: A Comparison of Job Changers and Non-changers," International Journal of Japanese Sociology, 24(1), pp.5-19.

IMD Business School (2020) *IMD World Talent Ranking 2020*, Institute for Management Development.

Jou, S. C., and Chen, D. S. (2000) "Keeping the High-tech Region Open and Dynamics: the Organizational Networks of Taiwan's Integrated Circuit Industry," *GeoJournal*, 53, pp.81-87.

Lin, N. (1990) "Social Resources and Social Mobility: A Structural Theory of Status Attainment," pp.247-271 in *Social Mobility and Social Structure*, edited by Breiger, R. L. Cambridge University Press.

Lin, N. (1999) "Building a Network Theory of Social Capital," *Connections*, 22(1) pp.28-51.

Lin, N. (2001) *Social Capital: A Theory of Social Structure and Action*, Cambridge University Press.

Peck, J., and Theodore, N. (2007) "Flexible Recession: The Temporary Staffing Industry and Mediated Work in the United States," *Cambridge Journal of Economics*, 31, pp.463-493.

Saxenian, A., and Hsu, J. Y. (2001) "The Silicon Valley-Hsinchu Connection: Technical Communities and Industrial Upgrading," *Industrial and Corporate Change*, 10(4), pp.893-920.

Tabata, M. (田畠真弓) (2012) "The Absorption of Japanese Engineers into Taiwan's TFT-LCD Industry Globalization and Transnational Talent Diffusion," *Asian Survey*, 52(3) pp.571-594.

Tabata, M. (田畠真弓) (2021) "The Risk of Upgrading Strategy: Lessons from the Strategic Coupling between the Taiwanese FPD Industry and its Japanese Counterpart," *Journal of Asian Sociology*, 50(1), pp.117-179.

Theodore, N., and Peck, J. (2002) "The Temporary Staffing Industry: Growth Imperatives and Limits to Contingency," *Economic Geography*, 78(4), pp.463-493.

Ward, K. (2004) "Going Global? Internationalization and Diversification in the Temporary

Staffing Industry," *Journal of Economic Geography*, 4, pp.251-273.

Winders, J.（2014）"New immigrant destinations in global context," *International Migration Review*, 48(s1), pp.149-179.

〈中国語文献〉

ETtoday新聞網（2020）「頂台大光環畢業!『15科系年薪曝光』最低慘炸：才40萬」，2020年10月8日。
　　https://finance.ettoday.net/news/1827042

教育部（2010）「83～98學年度近16年我國教育發展統計分析」2010年8月。
　　https://stats.moe.gov.tw/files/ebook/others/year16/16years.htm

林宗弘・洪敬舒・李健鴻・王兆慶・張烽益等共著（2011）『崩世代：財團化，貧窮化與少子女化的危機』台灣勞工陣線。

林南・陳志柔・傅仰止（2010）「社會關係的類型和效應：台灣，美國，中國大陸的三地比較」『臺灣社會學刊』第45期，117-162。

中華民國統計資訊網（2011）「100年行業別統計表」。
　　https://www.stat.gov.tw/ct.asp?xItem=37508&ctNode=543

自由時報（2015）「人力外流嚴重 徐嶔煌：再不調薪產業人力空洞化」2015年3月30日。
　　http://news.ltn.com.tw/news/life/breakingnews/1272309

中時電子報（2017）「中時社論 人才持續外流 台灣將走向崩壞」2017年4月2日。
　　http://opinion.chinatimes.com/20170402002949-262101

田畠真弓・莊致嘉（2010）「引進技術過程和發展：比較台灣與日本液晶顯示器產業」『台灣社會學』第20期，中央研究院社會學研究所。

辛炳隆（2006）「台灣引進科技人力之政策分析」『政府再造與憲政改革系列研討會：全球化之下的人權保障與人才共享』研討會論文，台灣法愛公德會，國立臺北大學公共行政暨政策學系。
　　http://www.ntpu.edu.tw/~pa/news/94news/attachment/950221/2-1.pdf

馬蘭（2005）『企業經由人力仲介業任用台灣籍高階管理層的實例探討：以中國大陸高科技電子業為例』國立中央大學高階主管企管碩士班碩士論文。

第4章

米中対立と
チャイナ・プラス・ワン
―グローバル・サプライチェーン再編とベトナム―

1 はじめに

　2018年に始まった米国と中国の貿易摩擦は，制裁と報復の応酬を繰り返し，泥沼化の様相を呈しました。熾烈な関税合戦は貿易摩擦という表現を超え，貿易戦争と呼ばれるようになりました[1]。二国間の貿易交渉の場が持たれ，貿易戦争のさらなる激化には歯止めがかかったものの，バイデン政権へと移行した後も米国の対中制裁関税措置は維持されたままです。2017年の米国の輸入額に占める対中輸入額の割合は21.6％で，米国にとって中国は第1位の輸入先国でした。しかし，2023年上半期には米国の輸入額は対メキシコが第1位，対カナダが第2位に浮上し，対中輸入は第3位の13.6％にまで減少しました。米国の貿易は対中国輸入依存度を減らし，代わりにメキシコやカナダへの輸入依存度が大きく上昇してきたのです。

　一方で，世界市場のデカップリング（分断）が懸念された米中間の技術覇権争いに関しては，その範囲が半導体などの一部ハイテク分野に限定され，広範な世界市場の分断は回避された状況にあります。ただし，ハイテク製品のうち，半導体などではデカップリングの現象が見られます。例えば，世界最大の半導体生産会社である台湾積体電路製造（TSMC）の台湾以外の地で初めてとなる大規模工場が米国，ドイツ，日本で同時に建設されています。そして，こうした動きは米国にとっての友好国で供給網を築くという意味の「フレンド・ショアリング」と呼ばれています。

　グローバル・サプライチェーン（GSC）の途絶リスクという意味では，米中対立だけでなく，2020年初頭から3年間にわたる新型コロナウィルス感染症の世界的流行によってももたらされました。感染症の蔓延により国境を越えたヒ

トとモノの移動が急減しただけでなく，多くの国で都市封鎖，外出禁止（自粛）措置などがとられ，世界経済は停滞しました。出勤停止や需要減によって多くの工場が一定期間の生産停止を余儀なくされ，GSCの寸断がもたらされたのです。また，世界で流通するマスク，ガウン，ゴーグルなどの医療防護具の中国生産への依存度の高さも改めて意識されました。米中対立によって中国製品の輸入を制限したくとも，米国だけでなく世界市場において，中国生産の代替が極めて難しいことが浮き彫りとなったのです。[2]

　本章では，中国リスクを整理し，リスク分散のための企業行動でもあるチャイナ・プラス・ワンと，その受け皿として選好されてきたベトナムのリスクや課題について考察します。そのうえで，米国の主要輸入先国との貿易構造の変化を概観し，中国依存度が高い品目はどの様な特徴を持つ製品なのかについて検討します。

2 中国リスクの概観

　1990年代以降，グローバル生産企業の多くは香港に子会社を設立し，深圳などの中国内の生産請負会社に生産委託する加工貿易形態をとることによって中国生産を拡大させてきました。各社では委託加工という手法をとることによって，土地，建物などの固定資産リスクや従業員雇用などの労務リスクを回避しつつ，実質的には自社が完全にコントロールできる工場を中国内で運営できたのです。2001年に中国が世界貿易機関（WTO）に加盟すると，中国での輸出生産は最恵国待遇による関税メリットを最大限に享受できるように，グローバル企業の中国生産がさらに増強され，中国は「世界の工場」と呼ばれるまでに輸出生産を拡大させていきました。[3]

　しかしながら，自社の生産領域の大部分を中国生産が担う構図は，生産が停止した際に大きな影響を被ることになります。中国で大規模デモや労働争議あるいは自然災害などが発生する度に，一定期間，生産が休止するといった事態に直面したのです。図表4-1は2000年代初頭から日本企業が直面した主要な中国リスクを筆者が整理したもので，図の表記に従って6つのリスクに分類しました。ここで紹介する中国リスクとされる事項の多くは，中国特有のものも散

図表4-1　中国リスクの概念図

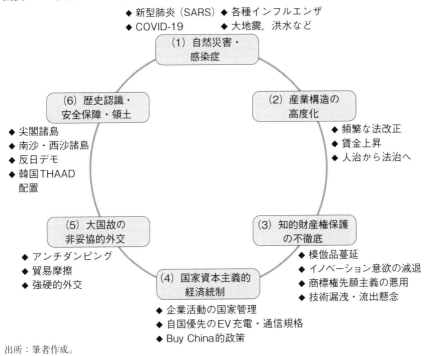

出所：筆者作成。

見されますが，リスクの多くはほかの国・地域にも存在するものです。また，本章では，経済発展とともに国家や社会が変容していく過程で顕在化する様々な事柄も，時に企業経営にとってリスクとなることから，このような社会的変化もリスクとして論じていきます。

2-1　自然災害・感染症

　2003年の重症急性呼吸器症候群（SARS）の流行，2008年の四川大地震，2009年の新型インフルエンザの流行，2020年初頭からの新型コロナウィルス感染症（COVID-19）の流行などです。ただし，これら自然災害や感染症はどこの国でも起こりうるリスクであり中国固有のリスクではありません。

　一方で，こうした災害発生時への国家や政府の対処方法は国や地域によって

異なります。中国の場合，強行的な都市ロックダウンや企業活動の制限などが他国に比べ厳密かつ大規模に実施されます。こうしたことは企業の生産活動や経営にとって大きな影響をもたらすもので，災害発生時への過度で強引な対処法は中国固有のリスクと分類できるものでしょう。

2-2　産業構造の高度化

　産業構造の高度化が進展すると，国民の生活水準向上や経済関連法制の整備，インフラの整備といった社会的条件の変更が引き起こされます。特に中国がWTOに加盟し，世界標準に適合するように自国の制度改革を進める際，企業にとってリスクとなる変化も引き起こされるのです。例えば，2005年の人民元の管理変動相場制移行や労働者保護の観点が強化された2008年の新労働契約法の施行などです。新労働契約法は労働者の権利の保護と強化のためのものです。しかし，企業にとっては月間の超勤下命の時間上限が引き下げられるなど，生産量を維持するためには労働者を増やす必要に迫られ労務コストを上昇させるものとなりました。また，生活水準の向上で賃金が上昇する過程では労働者の権利意識も高まります。労働者からは賃上げ要求が強まり，一例を示せば，2010年には自動車産業を中心に労働争議が頻発し，完成車工場が一定期間生産停止する事態にも陥りました。

　このほか，税務署や税関などの行政機関の制度運用が人治から法治へと転換されていく過程でもリスクが顕在化しました。人治の時代は企業と行政機関担当者との間にあった暗黙の了解とも言える柔軟な制度運用が許容されていました。これが，法治の時代となると制度に則した（企業にとっては不利となる）厳格で厳正な運用へと変わっていったのです。例えば，加工貿易による輸入原材料の端材の処理で，廃品回収業者に有料で引き取ってもらっていたことが，担当者や地方行政トップの交代を期に，突如「密輸」と判断され企業が罰せられることもありました[4]。こうした経済成長に伴う社会的条件の変化や法整備，制度運用の厳格化などは中国以外の国でも起こりうるもので，中国固有のリスクではありません。しかしながら，中国は1990年からコロナ禍前の2019年までの約30年間，GDPの平均成長率は年率9.3％と極めて高い水準で推移しました[5]。中国における社会的条件の急激な変化は，ほかで類を見ないものであったと言

えるでしょう。

2-3　知的財産権保護の不徹底

　中国では商標権や意匠権，特許権などが侵害され，外国企業の有名製品（ブランド）の模倣品が氾濫するといったリスクがあります。外国投資企業は自社の生産技術の流出や漏洩を警戒し，中核技術を中国に持ち込んで生産することを躊躇したり，新しい技術開発やイノベーションの努力も減退するなど，経済活動にマイナスの影響をもたらしかねません。知的財産権保護の不徹底については，他国でも発生しうるものですが，中国は工業技術や生産技術が進んでおり，通常の発展途上国では真似できない精巧な偽物が作られ流通しています。また，長年勤めた人材が退職して競合他社に転職したり，新たな競合会社を設立するといったことも少なくありません。中国は優れた工業力を持つ発展途上国という世界でも稀な存在です。知的財産権保護の不徹底リスクは，中国特有のリスクと言えるでしょう。

2-4　国家資本主義的経済統制

　企業が収集した個人情報や顧客データに国家がアクセスでき，必要があれば国や行政が企業の経済活動に容易に介入する事態が起こっています。米系グーグルがネット検索事業への国家の介入（検閲）を理由に中国事業から撤退したことが好例です[6]。また，Buy China 的な政策は，例えばリーマンショック後に国内消費刺激策が導入された際に表出しました。政府は自動車購入促進のために自動車取得税を10%から5%に低減したものの，外資系企業がほとんど生産していない1,600cc以下の小型車を対象としたものでした[7]。このように，国家が企業の経済活動に大きな影響力を持ち，自国優先的な政策を個別産業だけでなく，個別企業に対しても実施する体制は中国特有のリスクと言えます。

2-5　大国故の非妥協的外交

　これはまさに米国のトランプ政権の対中強硬策や米中貿易摩擦で見せた，制

裁に対し報復で応じる外交姿勢が好例となります。日本との間では2001年4月，日本が暫定的な緊急輸入制限措置（セーフガード）を中国産の生しいたけ，長ネギ，畳表に対して暫定措置を発動した際，中国は日本産エアコン，自動車，携帯電話に100％の関税を課す対抗措置をとり，日本はセーフガードの発動を取り下げることになりました[8]。こうしたことも，巨大市場を持つ中国の非妥協的な外交姿勢を示す事例と言えるでしょう。このように，外交的に強硬な姿勢を持ち非妥協的であることから緊張緩和への糸口を見つけることが難しく，外交的な対立が先鋭化しやすいというリスクがあります。そして，このリスクは企業で管理できるものではなく，なるべく早く国家間の対立の火種を察知して，企業経営への影響が最小限となるように備えるしか対処法はないのです。

2-6　歴史認識・安全保障・領土

　日本との間に歴史認識の差異と尖閣諸島の領有権に関する対立があります。中国では2005年に初めて大規模な反日デモが発生し，その後もことある毎に断続的に反日デモは繰り返されてきました。そして，2012年には尖閣諸島領有権をめぐる大規模な反日デモが展開され，暴徒化したデモにより，営業休止や生産停止を余儀なくされた日本企業も少なくなかったのです[9]。歴史認識や領土問題は，日本にとって中国特有のリスクとして認識しておく必要があるでしょう。

　このように，企業にとっての中国リスクは様々ですが，中国特有のものと，ほかの国においても起こりうるものとに区別して考えるべきでしょう。また，上記2-2と2-3以外のリスクについては，企業努力によるリスク管理はほぼ不可能です。このため，企業は繰り返し発生する中国での不測の事態に備え，東南アジアの既存工場を拡張し新工場を建設するなど，中国一極集中の生産体制を分散する努力をしてきました。こうした企業の二次展開の動きが，いわゆるチャイナ・プラス・ワンと呼ばれるもので，米中貿易戦争や新型コロナウィルス感染症の流行以前から見られる事象でもあります。ただし，生産拠点を中国以外の国へ移管したとしても，移管先の国にもリスクは存在していることに留意が必要です。中国リスクから脱出できたとしても，移管先の国で新たなリスクに直面するという事態についても考えておく必要があります。賃金上昇や法令順守の厳格化など発展段階に応じて生じるリスクの場合，発展段階が中国より

遅れている国においては，中国で起こったリスクがその国においてこれから起こる可能性もあるのです。

3 生産分散とベトナム

3-1　チャイナ・プラス・ワンとしてのベトナム

　チャイナ・プラス・ワンと呼ばれる中国生産体制の再編は，2000年代初頭から一極集中リスクの回避といった観点，産業構造の高度化が進む中国に適合した生産体制の再構築という，二つの観点で模索されてきました。近年では，中国市場向けは中国で生産し，輸出市場向けは中国以外で生産するという体制が多くの企業が目指す再編の方向性となっています。ただし，これまでは中国リスクがあるとは言え，生産企業にとって原材料や部品調達，輸送の利便性や費用など，総合的な事業環境は引き続き中国生産のメリットが大きかったことも確かです。他国への分散投資は，将来の課題ではあるものの，「いけるところまで中国生産を続ける」と判断した企業も少なくありませんでした。[10]

　米中貿易戦争は，表面的には図表4-1の（5）が示す「大国故の非妥協的外交」の結果でもあります。中国は米国の要求を拒否し，制裁関税に報復で応じました。中国の「やられた分だけやり返す」という非妥協的な外交姿勢が事態を泥沼化させた面も否定できないのです。こうしたリスクが発生する度にチャイナ・プラス・ワン熱は高まり，グローバル企業にリスク分散の必要性を迫ってきました。しかしながら，総合的な事業環境で中国生産を代替できる国や地域は見当たりません。中国リスクの分散を至上命題とするのであれば，多少の経済合理性は横に置き，まずはリスク分散を優先して他国への生産移管を進めるという企業もあります。すなわち，生産分散によって輸送費，原料調達費，税務など，コスト増になったとしても，それを覚悟のうえで中国リスクを軽減しておくことが得策ということなのです。チャイナ・プラス・ワンによる生産分散の必要性は，納入先からの要求の有無や原材料や製品の特性，そして販売先市場などによっても異なります。また，生産立地の分散ということであれば中国での生産をゼロにすることはできません。中国リスクの分散は，企業にと

っては中国依存をどの程度にとどめておくべきなのかというバランスの問題とも言えます。

　では，ベトナムへの生産移管はどのようなものでしょうか。国際分業を考える際，チャイナ・プラス・ワンが中国リスクを意識した生産再編である点に注目する必要があります。経済効率だけを念頭に生産分散を検討するのであれば，フラグメンテーション論が唱えるように，工程の一部を他国に分散立地する戦略がとられます。企業内の生産工程を例にすれば，ベトナムの賃金は中国よりも安価であるため，主に組み立てや検査といった労働集約的工程，すなわちサプライチェーンの最終工程が中国から切り離されベトナムに新設されることになります。しかし，中国リスクを意識した分散のための投資である以上，工程の一部だけを切り離して他国に分散することはリスク回避となりません。このため，チャイナ・プラス・ワンによるベトナムへの進出形態の多くが，工程間分業ではなく，一貫生産を前提としたフルセット型の工場，自社の生産領域を完結できる工場をベトナムに新設することになるのです。中国リスクからの分散投資の受け皿としてベトナムが選好された理由として次の5点が指摘できます。[11]

①ベトナムの単純労働者の月額賃金は中国の約半分程度であること[12]
②中国と陸続きでありサプライチェーンが組みやすいこと
③儒教的な倫理観が通底する東アジアの社会や文化と親和性があること
④中国と政治体制（社会主義市場経済）が同じで政治，経済，社会構造が似ていること
⑤中国よりも多くのFTAを保有しており自由貿易地域への輸出が有利なこと[13]

　このように，ベトナムが選好される理由は，経済学的な視点からは，中国と比べ労働力に優位性がある点において，労働集約産業（例えば，衣類，履物，IT関連製品の組み立てなど）の生産立地で有利な条件を有しています。雁行形態論が示すキャッチアップ型の発展過程に照らせば，後発工業化国のベトナムは先発工業化国の中国から，労働力を多く必要とする工程なり産業を摂取しているのです。

3-2　ベトナムの相対的な人気度

　IMFによると，中国の一人当たりの名目GDPは1990年の347ドルから2001年には951ドル，2010年には4500ドル，2023年の予測値では1万3721ドルへと急激に上昇してきました。国民所得の向上は労働コストを引き上げ，比較生産費のうち労働力の優位性を低下させます。また，米中貿易戦争や新型コロナウィルス感染症の世界的な流行で中国を中心としたGSCの寸断や医療物資に代表される重要物資の供給ひっ迫などの問題が顕在化し，GSC再編の必要性がますます認識されるようになりました。

　図表4-2は国際協力銀行（JBIC）が毎年秋に実施する日本の製造業本社に対するアンケート調査の結果です。「中期的（今後3年程度）に有望と考える投資先国・地域」に関する2000年から2022年までの回答変化を折れ線グラフで示したものです。日本の製造業にとって，時代に応じてどの国・地域が投資先として人気を集めてきたのかが分かります。投資先国・地域は全世界を対象とし，2022年の人気が高い上位6か国は，インド，中国，米国，ベトナム，タイ，インドネシアでした。

　図表4-2でこれら6か国の2000年以降の推移を見ると，中国は2001年末にWTO加盟を果たし，2002〜2004年の間，9割を超える極めて高い得票率でした。輸出生産国として最恵国待遇を得たこと，巨大市場の将来性などが有望視されたのです。また，インドも経済規模が大きく潜在的な内需が有望視され，2000年代中ごろから高い人気を持続しています。2012年になると中国の得票率が急低下しました。これは尖閣諸島領有権をめぐる日中対立が激化した年です。この年，中国各地で大規模な反日デモが発生し，生産停止を余儀なくされた日系工場も少なくありませんでした。このため，日本企業の対中投資の意欲は著しく低下し，その後は4割から5割の水準で推移しています。

　中国以外の国について見ると，1990年代後半に発生したアジア通貨危機の影響で東南アジア諸国やインドへの得票率は低迷しました。ベトナムも2002年には10％を下回る低水準でしたが，2007年にWTOへの加盟を果たすと，その人気は4割弱の水準にまで上昇しました。その後，ベトナムは3割超から4割弱の得票率で推移し，2022年にはインド，中国，米国といった大国に次いで第4位になるなど，日本製造業の投資先として高い人気を保持しているのです。

図表4-2　中期的（今後3年程度）に有望と考える事業展開先の推移（複数回答）

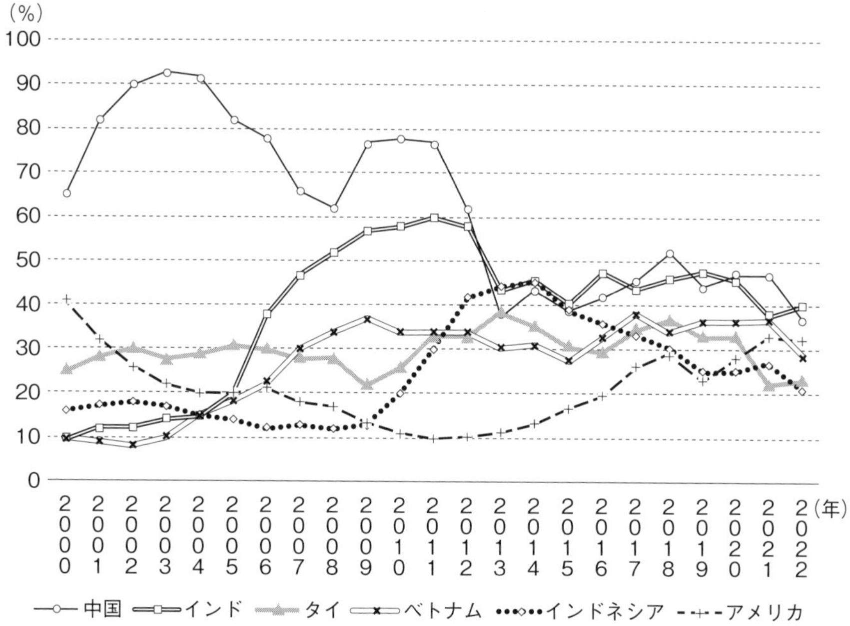

出所：国際協力銀行『わが国製造業企業の海外事業展開に関する調査報告（各年度版）』より筆者作成。

3-3　ベトナム事業の拡大意欲

　図表4-3はJETROが毎年実施する進出日系企業の現地法人を対象に行う調査で，「今後1～2年の（現地での）事業の方向性」について，拡大，現状維持，縮小，撤退（廃業や移転を含む）のどれに当てはまるかを尋ねたものです。東南アジアの主要国を取り上げ，「拡大する」とした回答比率の推移を示しました。

　この設問は，業歴の浅い法人は拡大意欲が高くなる傾向にあります。これは投資初期段階の企業の多くが「小さく生んで大きく育てる」という戦略をとっているためです。これにより，いわゆる新興工業国での拡大意欲が相対的に高くなりやすい項目でもあります。また，これら対象国では小売り・卸売り，飲食，金融などのサービス産業分野の規制緩和と市場開放が進み，製造業だけでなく非製造業の回答を含めると拡大意欲が高めに示される傾向にあります。図表4-3は2008年までは製造業のみの回答で，2009年以降は非製造業を含む数値

図表4-3　今後1～2年の事業展開で「拡大」とする回答比率の推移

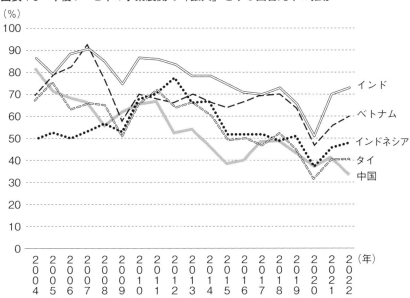

注：2008年までは製造業のみ。2009年以降は非製造業も含む数値。
出所：JETRO『アジア・オセアニア進出日系企業実態調査（各年度版）』より筆者作成。

となっています。

　全体的な傾向を見れば，2009年にリーマンショックの影響で拡大意欲は落ち込み，2010年に回復したものの，その後はすべての対象国で拡大意欲を緩やかに低下させていることが分かります。そして，2020年にはコロナ禍の影響から拡大意欲は一気に低下し，2021年以降はインド，ベトナム，インドネシアは回復傾向にありますが，タイは横ばいとなっています。そして，中国は2004年に8割を超え，インドと並び高い水準にありましたが，2014年には初めて5割を下回り，その後は4割から5割の水準で推移してきました。2022年には中国における日本企業の拡大意欲はコロナ禍の時よりも減退している状況となっています。ベトナムは2007年にWTOに加盟し9割を超える拡大意欲を見せましたが，その後は6割半ばから7割の間を推移し，コロナ禍には5割を下回ったものの，2022年には6割にまで回復しています。

　JETROの調査[14]のほかの設問を見ると，米中貿易戦争とは明示していないもの

の，通商環境の変化への企業の対応策として，「生産地の移管」と回答した企業（有効回答数は1,686社）は7.2%とそれほど多くありませんでした。さらにこれら企業のうち2019年秋時点で既に移管を開始済みとした企業は43.2%に達しており，企業毎の生産再編は米中対立の顕在化よりも前から進められてきていたことが示唆されています。また，今後生産移管などのGSCの変更を検討している（実施済みを含む）アジア地域内の日系企業は102社あり，中国を移管元とする企業は全体の62.7%で，ベトナムを移管先とした企業は42.3%に上りました。日本企業の再編は米中貿易戦争の前から既に始まっており，米中貿易摩擦やコロナ禍によって多少加速した可能性はあるものの，日本企業の生産分散はかなり前から実施されてきたのです。

4 ベトナムの潜在リスク

　次にベトナムの事業環境上のリスクについて見ていきましょう。ベトナムは近年，中国リスクのヘッジ先として多くの企業の移転先として選好されてきました。しかしながら，ベトナムの事業環境にも中国リスクと同じようなリスクのほか，ベトナム特有のリスクも存在します。図表4-1の中国リスクの概念図と照らし，ベトナムのリスクを見ていきます。

4-1　自然災害・感染症リスク

　ベトナムは大地震のリスクはほとんどありません。しかし，洪水などの水災は頻繁に発生しています。また，鳥インフルエンザの発生国でもあり，様々な感染症のリスクが中国同様に潜在しています。ベトナムは新型コロナウィルス感染症の流行を比較的早期に収束させ，経済的な影響も最小限に食い止めたと評価されています。例えば，IMFによると，2020年はタイやインドネシアなど東南アジア主要国すべてのGDP成長率がマイナスとなったのに対し，ベトナムはプラス成長を維持することができました。

　ただし，感染症の世界的な蔓延は一国だけの問題にとどまりません。生産へのリスクという視点からは，日本，中国，ベトナムのどこに工場があっても生

産停止リスクはゼロとはならないでしょう。この点，リスクを軽減するための唯一の対策としては，生産拠点の分散立地が唯一の方法で，複数の工場で相互にバックアップして生産を維持する体制を作っておくことが肝要なのです。

4-2　産業構造の高度化

　このままのペースで経済成長が続けば，ベトナムも産業構造の高度化が進んでいくことになります。そうなれば，人件費が上昇し，人材の採用難，法制度の朝令暮改的な改廃，社会保険制度整備による企業負担の増加，法制度の運用厳格化などが程度の差こそあれ引き起こされるでしょう。ベトナムは中国と同様に共産党一党独裁の国で，社会主義市場経済を掲げています。社会，経済，政治の仕組みは中国との類似点が多いものの，発展段階や市場規模の差異は大きいものがあります。このため，中国で顕在化したリスクがそのままベトナムでも発生するとまでは言えないものの，リスクの一部は少し遅れてベトナムでも発生しうると考えた方が良いでしょう。ベトナムにとって国際通商秩序への参画という意味でWTO加盟は大きな転換点となるものでした。加盟年は中国が2001年，ベトナムは2007年で，WTOの要求に沿った国内市場開放やそれにあった国内法整備が進められてきました。例えば，外国人の社会保険制度への加入義務づけは，中国では2011年に始まりました。ベトナムでは中国に遅れること7年の2018年に社会保険制度が始まりました。[15]こうした企業経営に影響を与える制度整備は，一面では国内経済関連法制の国際標準化という意味を持ちますが，これまでやってきた企業の経営手法や方針変更を伴う点でリスクとなるものです。ベトナムの工業化と高成長の持続によって，産業構造の高度化による社会的条件の変化はベトナムではむしろこれから本格化することになるのです。

4-3　知的財産権保護の不徹底

　ベトナムは工業分野の基盤技術が弱く，国内市場も大きくないため技術流失・漏洩，模倣品の蔓延といったリスクは中国ほど大きくないと言えます。このため，日本企業も中国では生産しなかった中核部品や自社が持つ技術的優位性な

ども，躊躇することなく最初からベトナムに持ち込んで生産を開始するといった例が少なくありません。

4-4　国家資本主義的経済統制

ベトナムは社会主義市場経済化国として中国と通底する政治・社会・経済構造を持っています。ただし，国土面積，人口規模などが中国と比較すると圧倒的に小さく，少数民族問題や領土内での反政府運動といった懸念も大きくありません。このため，中国と比較し国家統制のおよぼす範囲は狭くて済むうえ，統制の力加減もはるかに小さくて済みます。このほか，国家による企業管理や経済活動への介入などのリスクはベトナムでは顕在化しておらず，国民のインターネットへのアクセスについても制限はほとんどない状況にあります。

4-5　大国故の非妥協的外交

ベトナムは人口が1億34万人（IMF，2023年末推計）と，東南アジア諸国の中ではインドネシア，フィリピンに次ぐ規模を有しています。しかし，人口規模，経済規模，軍事などで米国やロシア，中国，EUなどと対抗できる大国ではなく，これからも全方位外交の下，敵を作らず友を増やす外交に徹していくものと考えられます。大国ではないので，米国から貿易黒字を問題視された場合，中国のような対抗措置はとれず，関税率の見直しや自主規制による輸出制限措置をとらざるをえません。このような妥協的な外交姿勢はリスクがないのかと言えばそうではありません。大国との間で貿易摩擦に陥ればベトナムは自ら企業の輸出生産を抑制しようとします。このため，企業にとってはベトナム政府からの減産要求や輸出抑制といった圧力がリスクとして存在するのです。

4-6　歴史認識・安全保障・領土

日本との間に歴史認識問題がないとは言えません。ただし，今のところ親日的な国として日本と政治経済面で良好な関係を維持しています。領土という点では南沙・西沙諸島[16]の領有権問題で中国と対立しており，2014年5月にベトナ

ムが主張する排他的経済水域（EEZ）内で中国が石油掘削装置を設置し，近づいたベトナム海上警察船に中国の海警船が放水し体当たりするなどした事件がありました。ベトナム国内では大規模な反中デモが展開され，中国企業などが投石などの被害にとどまらず，死傷者まで出る惨事へと発展しました。また，社名看板に漢字を掲げる台湾や香港，日系企業も一部被害を受けるなど，操業停止を余儀なくされた工場もありました[17)]。ベトナムの領土問題では日本は当事国ではないものの，大規模デモが先鋭化し暴徒化すれば，工業団地が閉鎖されたり，工場の一時休業を迫られるリスクがあることは踏まえておくべきでしょう。

5 ベトナムと中国

5-1　経営上のリスクの比較

　では，ベトナムで事業を行ううえで個々の企業にとっての具体的なリスクはどのようなものでしょうか。図表4-4はベトナムと中国に進出した日系企業の2010年と2019年の経営上の問題点として上位に挙げられた項目を示しています。言うなれば進出日系企業が現地でどのようなことに困っているのかを示しているので，これらは経営上のリスクと考えて良いでしょう。分類毎に2019年の両国それぞれ上位3項目ずつを抜き出し2010年と比較しました。

　販売・営業面を見ると，中国がベトナムよりも総じて高い数値となっています。回答企業のうち，ベトナムは売り上げに占める輸出比率が53.1％，中国は32.5％でした。すなわちベトナムの回答企業は輸出型企業が多いことを示しています。輸出比率が高いベトナムと国内市場向けの内販比率が高い中国との間で，販売・営業面での課題認識の差が出るのはむしろ当然のことと考えられます。しかし，2019年の主要販売市場の低迷という点については，国内市場の低迷なのか外需市場の低迷なのかは詳細不明ですが，中国は米中貿易戦争の影響を受け2010年と比べ大幅に悪化したと推測できます。

　次に財務・金融・為替面の課題を見ていきましょう。ベトナムで最も高い数値は税務の負担で，中国は現地通貨の対円為替レートの変動となっています。

ベトナムは2010年と比較し税務の負担が悪化しているものの，中国はこの項目を含めすべて改善しています。税務の負担は経済成長に伴って社会的条件が高度化に向かうと，行政機関の対応も人治から法治へと変化していきます。徴税がより厳格化されていくと考えれば，これまで問題とされてこなかった事項が新たに課税の対象となるなど，企業の税負担感が増していく可能性があります。中国では税務の負担感は2010年よりも大幅に軽減しており，この点，中越間の発展段階の差異が回答傾向に表れていると推測できます。

　雇用・労働面については，両国とも従業員の賃金上昇が大きな課題となっています。2010年と比較すると若干和らいでいるものの，7割を超える企業が賃金上昇圧力を課題と認識しています。続いて従業員の定着率については，両国とも2010年比で改善しているものの，ベトナムは中国よりも定着率が低いことが示されています。定着率を上げるためには賃金などの待遇を改善する必要があり，これが賃金上昇の要因となります。従業員の採用難を見ると，ベトナムでは作業員の採用，中国では技術者の採用が難しいとする回答が最多となりましたが，スタッフ・事務員の採用難は両国とも最も低い数値となりました。一方で，技術者の採用難は2010年比で両国とも悪化しており，こうした人材採用難も賃金上昇圧力となっています。

　貿易制度面では，ベトナムは中国よりも問題点が大きいことが分かります。ベトナムでの通関など諸手続きが煩雑とする回答は42.8％と2010年の60.4％から大幅に改善されたものの，中国の24.3％を大きく上回っています。図表には示していませんが，同調査の対象国のうち，この項目はASEAN平均が29.7％，南西アジア平均は41.3％で，ベトナムはアジア全体の個別国の中でバングラデシュ，パキスタンに次ぐ高い数値となりました。企業は煩雑な手続きにより行政機関への不透明な費用支払いを余儀なくされていることがこうした煩雑な手続きの背景にあるといった指摘もあります。[18] 不透明な費用とは制度や法令には記載のない領収書の出ない費用で，ベトナムでは日常的に警察，税関，税務署といった行政機関に対してこの賄賂（袖の下，机の下，お茶代，潤滑油など現地では様々な表現が使用されている）の支払いが必要となります。行政機関に対し特別な対応を依頼するために賄賂が必要なのではありません。日常業務の中で賄賂が必要となる状況は，企業のコンプライアンス順守を難しくさせています。

図表4-4　ベトナムと中国に進出した日系企業の経営上の問題点　　　（単位:%）

分類	経営上の課題		2010年		2019年	
			ベトナム	中国	ベトナム	中国
販売・営業面	競合相手の台頭（コスト面で競合）		50.4	57.5	48.0	50.0
	新規顧客の開拓が進まない		34.5	36.9	38.4	41.4
	主要取引先からの値下げ要請		38.9	44.1	30.0	39.8
	主要販売市場の低迷（消費低迷）		18.0	13.3	16.7	40.2
財務・金融・為替面	税務（法人税，移転価格課税など）の負担		21.1	30.8	34.9	16.7
	業務規模拡大に必要なキャッシュフローの不足		28.2	23.9	25.0	15.5
	現地通貨の対ドル為替レートの変動		32.4	27.5	15.7	26.8
	現地通貨の対円為替レートの変動		16.9	30.7	11.5	29.1
	対外送金に関わる規制		−	−	11.2	18.4
雇用・労働面	従業員の賃金上昇		80.6	79.6	72.0	73.7
	従業員の定着率		45.1	37.3	40.4	24.5
	従業員の質		52.8	48.4	37.8	44.0
	人材の採用難	作業員	43.7	42.7	36.9	37.9
		技術者	32.0	30.8	34.5	38.9
		中間管理職	44.4	29.1	31.6	26.8
		スタッフ・事務員	23.6	17.6	25.9	23.4
制度面（貿易）	通関など諸手続きが煩雑		60.4	41.0	42.8	24.3
	通達・規制内容の周知徹底が不十分		42.5	28.5	30.5	17.5
	通関に時間を要する		43.9	33.5	25.6	22.5
生産面（製造業のみ）	原材料・部品の現地調達の難しさ		67.3	43.1	56.2	22.1
	品質管理の難しさ		49.5	43.3	49.9	42.4
	限界に近づきつつあるコスト削減		24.8	42.7	31.2	42.1
	調達コストの上昇		48.5	55.9	29.4	47.5
	環境規制の厳格化		10.9	19.3	13.3	43.5

注：網かけは2010年と比較して悪化した項目。
出所：JETRO『在アジア・オセアニア進出日系企業実態調査』（各年度版）より筆者作成。

　最後に生産面について見ていきます。2010年との比較でベトナムでは悪化した項目が最も多い結果となりました。中でも原材料・部品の現地調達の難しさについては，改善したとは言え，56.2％と中国の22.1％と比較し相当程度高い水

準にあります。また，限界に近づきつつあるコスト削減についてもベトナムは悪化しています。コストを削減するには労務費を引き下げたいところですが，賃金上昇圧力が高く，かつ定着率に問題があるということは熟練工や多能工の育成も難しい状況だと考えられます。であるならば，原材料や部品の調達先を見直したいところですが，現地で調達できるものが限られるため，コスト削減につながらないのが実態です。自動化機械を導入して人件費の上昇を吸収することも必要ですが，設備を製作するための資材やノウハウ，技術などが不足しており，外注するか輸入せざるをえないのです。結局，限界に近づきつつコスト削減に対する危機意識が2010年比で増加し，生産技術の変更やラインの組み換えなどで品質管理の難しさにも直面しています。ベトナムでは工業化が進展しているとは言え，現状では生産環境に多くの課題が山積していると考えられるのです。

　図表4-4が示すように，ベトナムの事業環境上のリスクの中で，雇用・労働面と生産面において2010年比で悪化している項目が合計5項目ありました。雇用・労働面の各項目の課題は，突き詰めていくと従業員の賃金上昇につながるものです。また，生産面でのコスト削減に向けた取り組みは，労務費を低減するために労働者の手作業に依存していた工程を自動機械に置き換えていく必要にも迫られているのです。また，輸入材料を現地材料に切り替えることでコスト低減を目指したいところですが，現地調達の難しさがそれを阻んでいます。つまり，企業にとって人材および生産技術の高度化が重要な時期にあるにもかかわらず，一朝一夕には進まない事態に直面しているのです。雁行形態発展論に照らせば，生産要素のうち労働力から技術や資本へと比較優位を転換させていく高度化の段階にベトナムは差し掛かっています。工業化の遅れが成長の足を引っ張ることは避けたいところですが，中所得国の罠に陥らないか，ベトナムは経済成長の踊り場に立っているのです。

5-2　人材の比較

　次に図表4-5はベトナムと中国の2010年と2022年の製造業における職種毎の従業員の月額賃金の変化を示しています。そして，図表では単純作業を中心とした作業者と技術的な知識を持つエンジニアおよびマネジャーとの間の賃金格差

図表4-5　ベトナムと中国の月額賃金の推移と職種間の格差　（単位：US ドル，倍率）

	年	作業員	エンジニア	職種間格差 （対作業員）	マネジャー	職種間格差 （対作業員）
ベトナム	2010	107	268	2.5	636	5.9
	2022	277	540	1.9	1,114	4.0
中国	2010	303	448	1.5	861	2.8
	2022	607	933	1.5	1,567	2.6

出所：JETRO『在アジア・オセアニア進出日系企業実態調査』（各年度版）より筆者作成。

を示しています。これは，作業者と比較してエンジニア，マネジャーの存在がどれだけ希少なのかを示すものと考えます。多くの発展途上国では工業化が開始された初期の頃には，単純労働者を中心に豊富な労働力が経済発展をけん引します。しかし，工業化が進展してくると安価な労働力を活用した産業は徐々に競争力を低下させていきます。そこで，エンジニアやマネジャーといった人材の高度化が必要になるのですが，人材が育っていない国では高いコストを支払わなければ技術職や管理職のような高度人材を雇用することができません。

　図表4-5を見ると，ベトナムでは2010年の段階では作業者とエンジニアの賃金差は2.5倍，作業者とマネジャーとの賃金差は5.9倍でした。一方の中国はそれぞれ1.5倍，2.8倍でした。すなわち，ベトナムでは中国と比較してエンジニアやマネジャーは単純労働に従事する作業者よりも，かなり高額な給与を提示しなければ採用できないことを示しています。これが2022年になると二国とも格差は縮小しており，特にベトナムにおける高度人材のひっ迫感は緩和されていることが分かります。中国では作業者とエンジニア，作業者とマネジャーの賃金差はそれぞれ1.5倍，2.6倍とベトナムよりも小さく，かつ2010年と比較してもほとんど変化していません。つまり，中国では単純作業者と技術者，マネジャーなどの高度人材の供給量が相対的に過不足なく安定的に推移していると考えられるのです。

　ベトナムにおける人材高度化については2010年比で大きく改善していることが示されており，従業員の賃金上昇圧力は主に作業者の賃金であると考えられます。だとするならば，労働集約的な工程に依存した量的拡大は，これからは難しくなっていくことが予想されます。今後は産業構造の高度化に合致した生

産技術を取り入れ，かつ生産要素でも自動機械の積極導入といった変革が必要になってきています。

6 小括（ベトナムの課題）

　グローバル企業の輸出生産拠点として量的な拡大を遂げてきた中国生産は，米国からの制裁関税や，中国自身の産業構造の高度化によって貿易転換と生産立地の転換が引き起こされています。そしてチャイナ・プラス・ワンの受け皿として選好されるベトナムのリスクは，どのようなものがあるのかを考察してきました。本項では小括として，ベトナムのリスクへの対応をどのようにしていけばいいのかについて検討します。

　第一にベトナムの対米リスクとして貿易摩擦が懸念されます。中国からの生産移管などでベトナムの対米輸出が拡大しているからです。これは企業の経営努力だけでは防ぎようのないものです。ただし，貿易摩擦は通関統計をベースとした最終製品の貿易黒字が問題になるのであり，最終生産地の転換によって対米輸出額を表面上減じさせることは可能です。つまり，グローバル企業にとっては労働集約的工程を多く含む最終生産地の立地をどのように管理するかが重要で，中国，ベトナムのほかにも生産地を確保しておく必要があります。さらに，近年のチャイナ・プラス・ワンの企業集積によって，ベトナムの一極集中がGSCの途絶リスクを生じさせないかということに留意が必要でしょう。言うなれば，ベトナム・プラス・ワン戦略が必要となってきているのです。

　第二に産業構造の高度化が進むに連れ，ベトナムでは生産要素のうち労働力ではなく，技術（知識）や資本（設備）への転換が必要となります。単純労働の作業者とエンジニアなどの技術職あるいはマネジャーとの間の賃金格差が縮小してきており，ベトナムでは技術（知識）をより多く投入する生産体制がとられはじめていることが示唆されました。ベトナムの生産企業は労働集約的な工程が人件費の上昇によって競争力を弱めたとしても，人材高度化によって生産技術の向上，多能工育成による生産効率の上昇など，コスト耐性を高めておくことが肝要となるのです。

7 米国の貿易構造変化と米中対立

7-1　米国の貿易転換

　ここでは米中対立下の米国の貿易構造の変化について考察を進めていきます。2023年上半期の米国の物品貿易における輸入額は1兆5642億7700万ドルと前年同期比3.7％減となりました。輸入構造の変化に注目すると，図表4-6が示す通り米国の国・地域別輸入額のシェアの推移で前年まで1位だった中国が3位に減退し，代わりにメキシコとカナダがそれぞれ1位と2位へ上昇しました。米国の対中輸入依存度は2014年以降，およそ20％程度で推移してきたのですが，2019年に18.1％に減少し，コロナ禍後の2023年上半期には13.6％へと低下したのです。一方，メキシコが15.2％，カナダが13.7％へと上昇し首位が入れ替わりました。

　2018年に始まった米国の対中輸入品への制裁関税措置は依然として続いています。米中対立の長期化によって米国の対中依存度は低下傾向を示しているのです。米国の輸入額は上半期よりも個人消費が活気づくクリスマス商戦に向けて下半期に大きくなる傾向があります。このため，通年での輸入動向を確認する必要があるものの，図表を見る限り，近年米国の中国からの輸入が減少し，代わりにメキシコ，カナダ，ASEANからの輸入が増加してきたことは明らかです。ここからは米国の貿易転換について，中国とベトナムからの輸入構造変化に注目して考察していきます。

7-2　米国の中国依存度の変化

　米国の対中輸入の主要5品目（HSコード2桁ベース）について，対世界輸入に占める対中輸入シェア（中国依存度）を見ていきましょう。2022年の米国の電気機械輸入では中国依存度は30.6％，一般機械は23.7％，樹脂製品は29.4％，玩具は77.5％，家具は34.2％と，20％代中ごろ以上の高い依存度を示していました。米国は2018年より対中輸入品の多くに制裁関税を課し，対中輸入制限を続けてきました。にもかかわらず，依然としてこれら品目の中国依存度は高い数値を示しているのです。中でも玩具の中国依存度は約78％にも達し，電気機

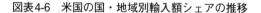

図表4-6　米国の国・地域別輸入額シェアの推移

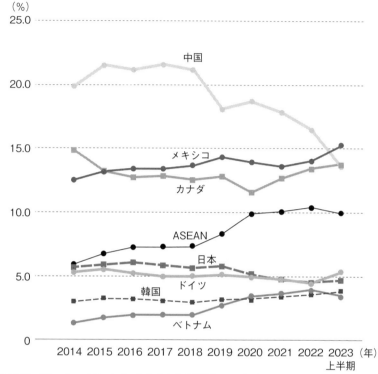

（％）

出所：IMF，"Direction of Trade Statistics" およびUN Comtrade（https://comtrade.un.org/data/）
　　より筆者作成。

械や家具も3割を超える依存度です。ここでは，HSコード4桁分類を使ってさ
らに詳細な品目について考察していきます。

　図表4-7はHSコード4桁分類による米国の対中輸入品について，2018年と2022
年の依存度を比較したものです。2018年はトランプ大統領による対中輸入制裁
が始まった年で，その影響は2019年頃から徐々に出始めたと考えられます。

　米国の対中依存度は全体では2018年の21.6％から2022年には17.1％へと低下
しました。品目毎に見ると，図表中ではその他のプラスチック製品と蓄電池が
依存度を上昇させている一方で，残りの10品目は総じて依存度を低下させてい
ます。

　金額ベースで最大の輸入品目は通信機械ですが，依存度は65.5％から50.8％へ

図表4-7　米国の品目別対中輸入依存度の変化

（単位：100万ドル，%）

2018年						2022年					
順位	HSコード	品目名	輸入額	構成比	依存度	順位	HSコード	品目名	輸入額	構成比	依存度
1	8517	通信機械	72845	12.9	65.5	1	8517		64404	11.2	50.8
2	8471	コンピュータ	52435	9.3	56.0	2	8471		55773	9.7	45.0
3	8473	コンピュータの部品および付属品	16972	3.0	60.4	3	9503		17795	3.1	80.3
4	9403	オフィス家具	13712	2.4	49.8	4	9504		12335	2.1	83.4
5	8528	テレビ受像機	12707	2.3	52.1	5	8708		11644	2.0	13.5
6	9503	三輪車・模型など玩具	12534	2.2	84.9	6	9401		11184	1.9	36.1
7	9401	腰掛けおよびその部分品	12158	2.2	46.4	7	8507		10922	1.9	45.7
8	8708	自動車部品	11625	2.1	16.3	8	8528		9584	1.7	37.8
9	9405	照明器具などの家具	8209	1.5	65.4	9	9403		9315	1.6	25.8
10	9504	ビデオゲーム・ビリヤード台などの玩具	6872	1.2	87.5	10	3926		7906	1.4	49.6
17	3926	その他のプラスチック製品	5521	1.0	49.1	15	8473		7141	1.2	20.9
51	8507	蓄電池	2245	0.4	28.6	19	9405		5572	1.0	47.2
合計			563203	100.0	21.6	合計			575688	100.0	17.1

出所：UN Comtradeより筆者作成。

低下しました。通信機械は，スマートフォンや携帯電話，通信設備や固定電話機などが含まれる品目です。図表には示していませんが，通信機械の詳細品目の2022年の対中依存度は，固定電話機が50.0%，スマートフォンが77.3%，その他携帯電話が76.0%と高い値を示しています。特に固定電話機は米国の対中制裁関税の対象品目で，25%の制裁関税が課されているにもかかわらず，対中依存度は50%と高い水準にあるのです。スマートフォンなども中国以外の国・地域へと生産場所の移管が模索されているものの[19]，通信機械の多くは，中国生産への依存を下げることが難しい状況が垣間見えます。

　次いで輸入額の大きい品目はコンピュータで，中国依存度は56.0%から45.0%

へと減少しました。そして，コンピュータの部品および付属品は依存度が60.4％から20.9％へと急低下しました。一方で依存度が大きく上昇した品目は蓄電池です。さらにこの蓄電池の詳細を確認すると，米国が中国から輸入する蓄電池のうち，リチウムイオン電池が85.1％を占め，米国のリチウムイオン電池の対中依存度は66.9％にも達しているのです。

2022年の輸入品目で第3位となる玩具の詳細品目について対中依存度を見てみましょう。玩具類の多くが対中制裁関税の対象品目に含まれています[20]。それでも，米国の対中依存は依然として高く，三輪車・模型などの玩具が80.3％，ビデオゲーム・ビリヤード台などの玩具が83.4％となりました。このほか，10位以内には入らなかったものの，トレーニングジムなどの運動器具のほかスイミングプールの設備なども59.8％，祝祭用品などが91.1％，釣り具や狩猟用具が65.7％といずれも高い数値が示されたのです。このように玩具については全般的に中国依存度が高く，他国への生産シフトや調達先のシフトが進んでいないことが示されました。

このほか，2022年の輸入で上位にある自動車部品について詳細を見ると，中国依存度が3割を超える品目は，ブレーキ，車輪，ラジエーターでした。また，家具の中国依存度は椅子が36.1％，照明器具の47.2％，マットレスなどの寝具が50.2％となっています。

7-3　米国の対ベトナム輸入構造

図表4-8は米国の対ベトナム輸入構造の変化を示しています。全体の輸入依存度は2018年の2.0％から2022年には4.0％へと約2倍に上昇したことが分かります。ASEAN諸国ではタイが1.3％から1.8％へ，次にマレーシアは1.5％から1.7％へとそれぞれ依存度が上昇しました。ASEAN諸国の中で見てもベトナムの依存度の伸びが顕著であることが分かります。

2022年の米国の対ベトナム依存度が2018年比で低下した品目は図表中ではナッツ類（カシューナッツ）のみで，そのほかの品目はすべて依存度が上昇していました。ベトナムは，中国での米国向け輸出のための生産品の移転先となってきたことが示唆されています。中でも通信機械，オフィス家具，腰掛けおよびその部分品，コンピュータは米国の対中輸入でも上位の品目です。これらの

図表4-8　米国の品目別対ベトナム輸入依存度の変化

（単位：100万ドル，%）

2018年						2022年					
順位	HSコード	品目名	輸入額	構成比	依存度	順位	HSコード	輸入額	構成比	依存度		
1	8517	通信機械	6469	12.6	5.8	1	8517	24592	18.1	19.4		
2	9403	オフィス家具	4074	7.9	14.8	2	9403	9758	7.2	27.0		
3	6404	履物（スポーツシューズなど）	2995	5.8	33.0	3	6404	5252	3.9	42.0		
4	6110	ジャージー，カーディガンなどの衣類（ニットのもの）	2434	4.7	16.0	4	9401	5247	3.9	16.9		
5	6403	その他の履物	2155	4.2	20.8	5	8518	4136	3.0	30.1		
6	6104	女子用のスーツ，スカートなど衣類（ニットのもの）	1717	3.3	27.7	6	6403	4130	3.0	27.4		
7	9401	腰掛けおよびその部分品	1646	3.2	6.3	7	8541	3902	2.9	21.7		
8	6204	女子用のスーツ，スカートなど衣類（綿，合成繊維などのもの）	1453	2.8	14.0	8	8471	3681	2.7	3.0		
9	8542	集積回路	1378	2.7	4.0	9	8473	3607	2.7	10.6		
10	0801	ナッツ類（カシューナッツ）	1236	2.4	73.0	10	6110	3280	2.4	18.2		
15	8471	コンピュータ	854	1.7	0.9	11	8542	2321	1.7	5.3		
27	8541	半導体デバイス	408	0.8	4.6	12	6104	2202	1.6	29.4		
40	8518	マイク，イヤホン	247	0.5	4.1	13	6204	2108	1.6	17.3		
77	8473	コンピュータの部品および付属品	89	0.2	0.3	28	0801	862	0.6	67.7		
合計			51277	100.0	2.0	合計		135877	100.0	4.0		

出所：UN Comtradeより筆者作成。

生産シフトが急速に進んできたことが推測できます。このほか，衣類や履物など労働集約型の製品群についてもベトナムへの依存度は上昇しました。

8 中国生産環境の強み

　米中対立の長期化により米国の対中輸入構造は大きく変化しました。特に輸入額が大きいスマートフォン，コンピュータの輸入先が従来の中国からベトナムなどに転換されつつあることが示されました。また，固定電話機や玩具の多くに対中制裁関税が課せられているにもかかわらず，依然として米国の中国依存は高く，他国へのシフトは進んでいないことが分かりました。

　では，制裁関税やリスクを勘案してもなお中国の総合的な生産環境で優れているのはどのような点なのでしょうか。まとめると，①労働集約的な組み立て工程を有する製品，②多種多様な材料やその加工業者の重層的な存在が必須な産業，③早い開発サイクルに適応できる量産技術と部品・モジュールの調達利便性，ということになるでしょう。製品群としては，①は衣類，履物，家具，②は玩具（スポーツ用品や運動施設の設備のほか釣り具なども含みます），③はスマートフォン，コンピュータが該当します。

　このように，①については経済発展とともに生産国が持つ比較優位が変化することになりますが，②と③の中国の生産環境を代替できる国・地域を見つけるのは難しいでしょう。この点，米中対立によるデカップリングも一部の半導体などのハイテク分野に限定されなければ，世界は玩具，家具，IT関連製品などで予期せぬGSCの途絶に見舞われることになるでしょう。それほど工業製品の多様な材料や部品の中国生産比率は高く，他国生産がこれを代替することは難しいのです。すなわち，中国生産を完全に代替するのではなく，中国リスクによるGSCの途絶リスクを回避できるような生産分散を進めることが必要です。そのうえで企業には，中国生産の優位性を活用しつつGSCを強靱化していく戦略が求められているのです。

[注記]
1)　日本経済新聞，2017年1月18日。
2)　日本経済新聞，2020年8月24日。
3)　池部（2012）pp.420-439。
4)　池部（2013）第7章，pp.1-20。
5)　IMF "World Economic Outlook, April 2023" による。

6)　山田（2010）。

7)　通商弘報，2009年1月20日。

8)　青木（2001）pp.30-33。

9)　日本経済新聞，2012年9月15日など。

10)　池部（2019a）pp.1-6。

11)　池部（2019b）pp.145-154。

12)　JETRO（2022）によれば，単純労働者の賃金はベトナムが277ドルで，中国は607ドル。

13)　JETRO「世界のFTAデータベース」によると，ベトナムは15のFTAが発効済みである。また，JETRO（2023）によれば，2021年のベトナムの貿易では，締結済みFTAのカバー率（締結済みFTA相手国との貿易額／全貿易額）は73.4％と高い水準にある。

14)　JETRO（2019）。

15)　JETROビジネス短信，2011年11月1日，2018年10月23日。

16)　南沙／西沙という表記は中国語表記で，ベトナム語ではTruong Sa/Hoang Sa，英語ではSpratly/Paracelと呼ばれている。

17)　NNA，2014年5月9日，5月16日。

18)　池部（2019c）pp.131-173。

19)　例えば日本経済新聞，2022年10月5日，同年11月4日など。

20)　米国の対中制裁関税の有無はUSTRウェブサイトで確認することができる。
https://ustr.gov/issue-areas/enforcement/section-301-investigations/search

[参考文献]

青木健（2001）「日本のセーフガード発動の政治経済学」『国際貿易と投資』45号，国際貿易投資研究所。

池部亮（2012）「チャイナ・プラス・ワンの実像」関満博・池部亮編『ベトナム／市場経済化と日本企業』新評論。

池部亮（2013）「加工貿易を中心とした輸出産業の高度化」広東省政府発展研究中心・日本貿易振興機構アジア経済研究所編『広東経済の高度化へ向けた政策課題—日本の経験から—』（政策提言研究），日本貿易振興機構アジア経済研究所。

池部亮（2019a）「米中貿易摩擦と中国のサプライチェーンの再編（前編）」『MUFG BK 中国月報』第158号。

池部亮（2019b）「米中対立，変化するアジアの生産体制—中国からベトナムへの生産シフト加速—」日本経済研究センター編『米中対立下のデジタル・アジア—イノベーションと都市の行方—』日本経済研究センター。

池部亮（2019c）「ベトナムの国内物流効率化とその課題」石田正美・梅﨑創編『メコン物流事情』文眞堂。

山田賢一（2010）「米グーグル，中国市場からの"撤退"を表明」『放送研究と調査』5月号。https://www.nhk.or.jp/bunken/summary/research/focus/309.html（2023年11月13日参照）。

JETRO（2019）『2019年度 アジア・オセアニア進出日系企業実態調査』日本貿易振興機構。

JETRO（2022）『2022年度 海外進出日系企業実態調査（アジア・オセアニア編）』日本貿易
　　振興機構。

JETRO（2023）『2023年版ジェトロ世界貿易投資報告』。

あとがき

　本書に関わる研究活動の時期はまさに新型コロナウィルス感染症による世界的なパンデミック状況にあり，海外調査だけでなく国内調査においてもフィールド調査活動が著しく制約された時期であります。また，メンバーは全員，専修大学商学部に所属する専任教員であり，この間ほかの研究プロジェクトにも関与しているほか，日常の校務（授業やそのほかの運営業務）にも関与していました。

　コロナ禍の状況にあって，校務は授業の方法もオンライン化が導入されましたが，次第に対面方式も復活し，中には一定の条件の下でその折衷的な方法も強要されるなど多様になりました。そうしたことが二転三転，試行錯誤を経て進められていたため，教育現場には混乱も見られました。そうした困難の中，粘り強くメンバーは研究を進め，今回叢書として4名全員の研究成果が達成されたのはまことに幸運であったというしかないと考えます。チームメンバーの並々ならぬ執念と努力に編著者として敬意を表したいと思います。

　また，この間，一貫して本プロジェクトに様々にご支援を下さった専修大学商学研究所の岩尾詠一郎所長，本研究チームのメンバーでもある池部亮事務局長，運営委員会の先生方に深く感謝したいと思います。また，原稿提出のスケジュールがタイトな状況の中，白桃書房大矢栄一郎社長のおかげで今回も無事に刊行のはこびとなりました。誠にありがとうございました。そして何よりも関連の会議資料，経理資料の作成や出版社・印刷所とのやり取りなどにおいて強力にサポートしてくださった事務局の花房郁子さんの功績を忘れることはできません。花房さんのサポートがなければコロナ禍の中，この研究プロジェクトは順調に進行できなかったと思います。ありがとうございました。

研究チームを代表して
編著者　小林 守

【執筆者一覧】

上田 和勇（うえだ　かずお）‥‥‥‥‥‥‥‥‥‥‥‥‥‥‥‥‥‥‥‥‥第1章
専修大学名誉教授

小林 守（こばやし　まもる）‥‥‥‥‥‥‥‥‥編著者，第2章，はじめに，あとがき
専修大学商学部教授 専修大学キャリアデザインセンター長

田畠 真弓（たばた　まゆみ）‥‥‥‥‥‥‥‥‥‥‥‥‥‥‥‥‥‥‥‥‥第3章
専修大学商学部教授 専修大学インターンシップオフィス長

池部 亮（いけべ　りょう）‥‥‥‥‥‥‥‥‥‥‥‥‥‥‥‥‥‥‥‥‥第4章
専修大学商学部教授

■ グローバル化と国際危機管理に関する諸問題
　—異文化リスクとパンデミックリスク—

■ 発行日──2024年3月31日　初版発行　　　　　　〈検印省略〉

■ 編著者──小林　守

■ 発行者──大矢栄一郎

■ 発行所──株式会社　白桃書房

　　〒101-0021　東京都千代田区外神田5-1-15
　　☎03-3836-4781 ⓕ 03-3836-9370　振替00100-4-20192
　　https://www.hakutou.co.jp/

■ 印刷・製本──藤原印刷